河南博物院镇院之宝
河南博物院 主编

玉柄铁剑

王龙正 编著

中原出版传媒集团
中原传媒股份公司
大象出版社
·郑州·

图书在版编目（CIP）数据

玉柄铁剑 / 王龙正编著 . — 郑州：大象出版社，2017.10
（2018.3 重印）

（河南博物院镇院之宝）
ISBN 978-7-5347-8895-6

Ⅰ . ①玉… Ⅱ . ①王… Ⅲ . ①青铜短剑（考古）—介绍—河南—西周时代 Ⅳ . ① K876.41

中国版本图书馆 CIP 数据核字（2017）第 243904 号

玉柄铁剑
YUBING TIEJIAN
王龙正 编著

出 版 人	王刘纯
责任编辑	吴韶明
责任校对	安德华
装帧设计	张　帆

出版发行　**大象出版社**（郑州市开元路 16 号　邮政编码 450044）
　　　　　发行科　0371-63863551　总编室　0371-63867936
网　　址　www.daxiang.cn
印　　刷　郑州新海岸电脑彩色制印有限公司
经　　销　各地新华书店经销
开　　本　889mm×1194mm　1/32
印　　张　4.5
版　　次　2017 年 10 月第 1 版　2018 年 3 月第 2 次印刷
定　　价　55.00 元

若发现印、装质量问题，影响阅读，请与承印厂联系调换。
印厂地址　郑州市英才街 6 号
邮政编码　450002　　电话 0371-67358093

编辑委员会

主　任
田　凯

委　员
杜启明　丁福利　张得水　翟红志
刘　康　李　琴　武　玮

主　编
田　凯

副主编
张得水　武　玮

撰　稿
霍　锟　李　宏　张俊儒　李　琴
王龙正　曹汉刚　向　祎　武　玮
田　凯　黄林纳　杜　安　郭灿江

文物摄影
牛爱红

扫二维码，欣赏《玉柄铁剑》视频

总　序

　　凡博物馆皆有自己引以为豪的藏品中的精华，如罗浮宫之《蒙娜丽莎》、荷兰国家历史博物馆之《夜巡》、中国国家博物馆之司母戊鼎、故宫博物院之《清明上河图》等等，许多博物馆将此类藏品称为"镇馆之宝"，重要的博物馆"镇馆之宝"常常有若干件，当然有些甚至堪为"镇国之宝"。

　　河南是中华文明的重要发源地，历史悠久，文化积淀厚重，近代以来中国的重要考古发现多在此地，中国考古史便是从这里起步，百年来发现的遗迹遗物极大地丰富了历史文化的研究，填补了历史的空白。河南博物院是中原最大的文物典藏展示机构，河南出土的重要文物理所当然地保存在这里。

2007年12月，时值河南博物院建院80周年，河南博物院镇院之宝甄选活动尘埃落定。众多专家学者经过反复论证，从河南博物院藏品中推选出九件最能代表中原历史文化的典藏品，作为"镇院之宝"。所谓镇院之宝，无疑是收藏中的佼佼者。首先是典型性，能代表文物所处历史阶段的文化科技发展最高水平；其二是重要性，具有重要的历史文化价值，填补历史研究的空白；其三是震撼性，文物具有强烈的时代感，其艺术性让人震撼；其四是唯一性，目前没有相同文物，或该文物是同类中最好的。

在我们遴选的过程中，发现能入此类标准的河南博物院藏品何止九件，最后为了坚持"九为大数不满"的初衷，经过反复讨论甄别，兼顾时代的普遍性，选取了贾湖骨笛、杜岭方鼎、妇好鸮尊、玉柄铁剑、莲鹤方壶、云纹铜禁、四神云气图壁画、武则天金简和汝窑天蓝釉刻花鹅颈瓶为九大镇院之宝。

贾湖骨笛不啻为音乐的奇迹,其重要性还在于促使我们重新评估裴李岗人的思维高度、情感表达的丰富性和表现力。贾湖骨笛在中原出现虽是孤例,但并非偶然。中原由于所处地理位置,进入新石器时代以后,在会通南北、连接东西上占得先机。贾湖遗址以稻作农业为主,是当时产稻的最北区域,但是其文化面貌却是裴李岗文化系统,其遗址中出现了猪与狗的驯养,这一遗址无疑是同时代文化中最为先进的。离贾湖不远的许昌灵井,距今8万年前已经出现了专业的制骨遗存,贾湖出现高质量的骨笛也就不足为奇。

九大镇院之宝中,先秦时期的青铜器占据五件,这与中原在这一中国文化轴心时代中主导作用的建立不无关系。

相传禹铸九鼎，三代奉为传国之征。鼎作为炊煮的食器，演变为王权的象征，体现了华夏文明的民本意识，而中原既是鼎的发源地，更是鼎文化最具代表性的地区。虽然二里头发现了迄今最早的铜鼎，但是其体量和造型还不能与国之重器勾连。郑州商城杜岭街出土的窖藏铜鼎，通高87厘米，饰有饕餮纹和乳钉纹，具有王权的威势，是迄今发现的商代早期较大的铜鼎之一，也是最早的能象征国家的铜鼎。据此证明了郑州商城的王都性质。

商代后期以安阳殷墟为国之核心。这里发现的最重要的墓葬当属妇好墓。出土的468件青铜器中，鸮尊是最具代表性的铜器之一，这是目前中国发现的最早的鸟形铜尊。其鸮形的巧妙构思和周身繁缛的龙、蛇等各种动物纹饰，不仅体现了妇好主持祭祀、带兵征伐的特殊身份，其艺术性也堪称经典。

中国广泛使用铁器要到西汉，然而在此之前有一个从出现到推广的发展过程。三门峡虢国墓地2001号虢季墓中出土的玉柄铁剑，经鉴定剑身为块炼钢锻打而成，这一发现将中国人工冶铁的历史提前到了公元前8世纪。

技术的先进是文明核心地位确立的重要条件，技术的不断发展又为社会的进步提供了前提，莲鹤方壶无疑是先秦社会发展的标志性器物，是技术、艺术与社会变革的集大成者。这件郑国人铸造的器物汇合了南北风韵、新旧特征，是春秋时期郑国特殊的历史文化地位的真实写照，更是百家争鸣、社会变革的艺术表达。

在中国冶铸史上具有划时代意义的器物还有云纹铜禁。这件器物出土于河南淅川下寺春秋楚墓，其墓主为楚国令尹子庚。铜禁通体由多层透空的云纹构成,十二条怪兽攀附四周,其精密的铸造工艺为我们提供了失蜡法铸造的最早标本。

五件先秦时期的青铜器各具代表,各领风骚,构成了中国青铜时代历史文化叙事链条的重要节点。

汉以降,中国历史文化转入了新天地。凝重神秘的青铜时代被人本思想和崇尚现实的享乐主义所代替,狰狞的鬼神世界,代以奇异的神仙来世。崇儒的同时,并行着道教的升仙意识。特别是在汉代的墓葬中充满了对来世享乐的憧憬,对来世仙界的描绘。出土于河南省商丘市永城芒砀山柿园西汉梁王墓的四神云气图壁画,绘有青龙、白虎、朱雀、怪兽等四种神禽异兽和灵芝、花朵、云气纹及穿璧纹等,充满了升仙气息。这件壁画尺寸宏大,为汉代壁画中所罕见,它是我国现存时代最早、规格等级最高、保存最完整的墓室壁画。

儒、佛、道在中国社会并行了一千多年，唐代以后三教逐渐合流。武则天一生充满了智慧，也充满了矛盾。在她的身上包含了多重宗教的信仰，她营造了龙门卢舍那佛窟，在偃师立了"升仙太子碑"。但是由于其墓葬还未发掘，与其有关的可移动遗物一直未能发现。1982年在登封嵩山峻极峰发现的武则天金简成为女皇唯一的直接可持有的宗教用物。这件物品是武则天祭拜嵩山的物证，也是武则天道教思想的体现，更是迄今发现的唯一的皇帝投龙金简，其历史与宗教文化价值无可代替。

历史上各个时代的造物总是恰如其分地附带上当时的文化与习俗烙印，而这种文化烙印尤其强烈的，莫过于宋代的瓷器。宋代对瓷器釉色的追求来源于宋人理学风气的弥漫。"雨过天青云破处"是对汝瓷独特的审美追求。

由于历史的原因，传世的汝官瓷屈指可数，弥足珍贵，20世纪80年代在宝丰清凉寺发现的窑址，被认定为汝官窑遗址，但是遗址内出土皆为瓷片，在其附近窖藏发现的少量汝瓷，成为考古出土的仅见的汝官瓷。其中的天蓝釉刻花鹅颈瓶完整性和工艺造像堪为第一，重要价值不言而喻，更重要的是以汝瓷为代表的瓷器的变革，不仅是技术的变革，还将中国文化与审美带到了更高的境界。

展览是历史文化信息的有机整合与展现，九大镇院之宝由于文物保护原因和其他原因有时不能同时完整陈列于展厅。即便是在展厅陈列，由于陈列本身的局限，也不能将全部或更多的信息在展厅中提供给大家。为了让大家更多地了解九大镇院之宝背后的历史文化信息，我们编写了这套丛书。对每件藏品的解读基于学术界最新研究成果，撰写方面力求科学严谨求真。我们希望通过本套丛书引导公众对藏品有更细致的观察了解，实现藏品信息与公众的分享与对话。但是由于研究阶段性的局限，由于研究深度的局限，由于研究资料的不全面等因素，我们的解读还有许多未尽之处，我们会继续不停地研究下去，将更多的研究成果及时提供给公众。也希望更多的学者加入到对文物、对九大镇院之宝的研究中，不断丰富和深化我们对历史文化的认识。

九大镇院之宝是古人智慧与思想的凝结，是文化制高点的物质的表征，每件文物都有独特的重要价值。这九件文物只是代表，而非全部，如果你来到河南博物院，将会看到更多的典藏瑰宝，比如彩陶双连壶、王孙诰编钟、金缕玉衣、汉代三进陶院落、杨国忠银铤等等，但在甄选镇院之宝时我们不得不割爱。我们希望大家在关注九大镇院之宝的同时，关注九件文物背后连带的关于中华文明、关于中原文化一脉相承延续发展的历史，关注中华文明强大的凝聚力、创造力、生命力，关注九件文物代表的更多的河南博物院的精美典藏，中原大地上的数不尽的丰富遗存。

河南博物院院长 田凯

2017年3月

目 录

一、品鉴　1

二、盗墓案引发的虢国墓地第二次发掘　11

三、铁发现的历史及意义　23

四、和田玉的美德寓意　44

五、短剑家族及其历史源流　53

六、短剑的演变与衰落　90

七、叱咤风云的军事强国虢国　109

一、品鉴

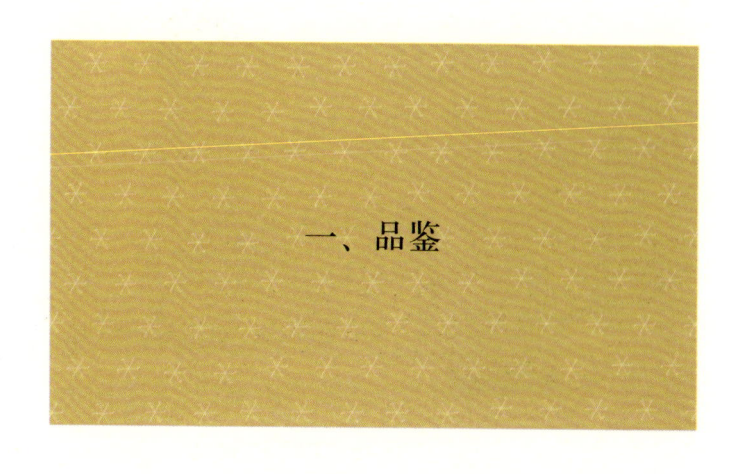

玉柄铁剑出土于河南省三门峡虢国国君虢季墓中。虢季生活在两周之际，玉柄铁剑为其生前珍视之物。这是一柄典型的短剑，学术名称是玉柄铜芯铁剑，被誉为"中华第一剑"，其实准确地说，应当称为"中华第一铁剑"（**图一**）。

用来铸造这件玉柄铁剑的材料取自两种不同的矿石，是历经沧桑岁月的山水共同孕育的产物。铸剑所用的铁是从铁矿石中提炼出来的，历经百炼而成钢，铸成剑身；所用玉石采自新疆和田特有的一种常年被河流浸润的青白色软玉矿床，经精细加工做成剑柄（**图二**）。钢铁剑身以坚

图一　玉柄铁剑

西周（前 1046 年—前 771 年）

通长 34.2 厘米，柄长 12.2 厘米，剑身长 22 厘米，叶宽 3.8 厘米，玉剑茎最大直径 1.8 厘米

1990 年河南省三门峡虢国墓地 2001 号墓出土

河南博物院藏

硬著称，剑指仇敌，所向披靡，犹如驰骋疆场的勇士刚直不阿，有大山一样的品格；被做成玉柄的和田青白玉在矿物学上被称为软玉，是一种透闪石，温润柔和，泛出油质光泽，像羊的脂油那样，自古及今一致被称为羊脂玉，就像那颇有教养的贤惠淑女，表现出温柔、高雅、恬静的性格与似水一般的柔情。因此，该玉柄铁剑的铸成，虽是钢铁和玉石的相互嵌接，却宛如英雄、美女之间的美满姻缘，堪称刚柔相济的完美结合、阴阳调和的杰出作品。

玉柄铁剑原被装在一个用皮革制成的剑鞘内，出土时鞘身已被铁锈渗透并与剑身粘连在一起。剑鞘表面有一道纵向缝合痕迹，细小的针脚历历可见。从剑鞘口部残存丝织品痕迹可知，剑身先以丝织品包裹后方才入鞘。它由铁质剑身、铜质柄芯和玉质剑柄嵌接组合而成，铜质柄芯起到将玉质剑柄与铁质剑身连接在一起的作用。剑身中部双面起脊，锋作柳叶形。铜质柄芯为形状、大小相同的后段断面呈半圆形、前段为扁薄条带状的特制铜片并列拼合而成。铜质柄芯前端分开，将铁质剑身脊部两面包夹，其正背两面均镶嵌条状绿松石片；后端相叠合并作近圆柱形，插入中空的玉柄之内（图三）。

玉柄由剑茎、剑首两部分套接而成，两者均为和田青白玉，玉质细腻，光洁温润，微透明，局部有浅黄色与褐色斑纹。剑茎为圆柱形；剑首呈短管形，其末段作正方体底座形，前段作圆弧状向上内收，两端以圆形孔贯通，以容纳剑茎。剑首与剑茎套接后，在剑首末端的管口处以形状不同的数周绿松石片嵌平；剑首前端有透穿小圆孔，孔内贯以铜质销钉，用于铆合玉质剑首与铜芯，钉孔两端

图二　玉柄铁剑局部

图三　玉柄铁剑局部

各嵌入一圆形绿松石片作为装饰。剑茎前段表面阴刻呈螺旋形环绕的成组斜向平行细线纹，后段中部饰二周细凸弦纹；剑首下部饰四瓣花萼形浮雕，上部边缘处饰一周"C"形云纹（**图四、图五**）。若以剑茎所饰螺旋形平行线纹表示逆时针旋转的纤细柔弱的针形花蕊，则整个剑柄乃至剑的本身恰如一朵盛开的花。剑通长34.2厘米，柄长12.2厘米，剑身长22厘米，叶宽3.8厘米，玉剑茎最大直径为1.8厘米。

玉柄铁剑是我国目前发现年代最早的人工冶铁制品，其铁质剑身经检验属于块炼渗碳钢。人工冶铁技术才被发明之际，最先被应用于兵器领域，后来延及凡需要使用刃部的工具领域；冶铁所用原料应为偶尔所得的富铁矿石，所以生产铁器的数量很少，是典型的贵金属，若说它比黄

图四　玉柄铁剑局部

图五　玉柄铁剑局部

金更贵重，一点儿都不过分。古人称美石为玉，称质地上好的玉石为宝玉，春秋时期有一件和氏璧辗转流传于楚、赵、秦国之间，被奉为"天下所共传之宝"，"价值连城"，尽管言过其实，但也充分表明人们对宝玉的钟情与喜爱。此玉剑柄属于上等的新疆和田美玉，却用以装饰铁剑，显示出当时的铁器是多么珍贵，二者相配为伍，堪称我国钢铁铸造史上的"金玉良缘"。

二、盗墓案引发的虢国墓地第二次发掘

河南省三门峡虢国墓地是在20世纪50年代修建三门峡水库时被发现的。1956年黄河水利委员会考古队发掘清理出234座墓葬,出土有大批珍贵的青铜器和玉器,是两周时期的虢国国君及贵族墓地。

1989年冬在第一次发掘的虢国墓地北侧建设城市居民小区,遂发生了较大规模的集体盗墓案件。许多青铜器被盗挖出来,由闻讯赶到的文物犯罪分子收购销赃,致使许多文物流散民间。1990年2月河南省文物局接到报案后,委托河南省文物考古研究所到现场考察。

在这批被盗的墓葬中,有一座大型墓葬据犯罪嫌疑

人交代没有盗至墓底。河南省文物考古研究所首选该墓发掘，编号M2001，其意是指虢国墓地第二次发掘的第一号墓。该墓口部南北长5.3米，东西宽3.55米，墓底距地表11.5米；墓底略大于墓口。墓室南部有两个盗洞，一个是早期盗洞，较浅，很快就见到底部；另一个是晚期盗洞，是近期才被挖开的。考古工作者自上而下逐层清理揭露，照相、录像、记录、绘图互相配合，盗洞清理到底后，但墓葬尚未到底，随葬器物也还没有露出来，证实该墓真的是被盗未遂。（**图六、图七**）。

该墓所用葬具为木质单椁双棺，均已腐朽，但其大致轮廓及基本形制与大小还算清楚。在墓室内木椁的下面靠近南北两端，有两根东西向的方木，分别被放置在事先挖好的长条形沟槽内，即所谓枕木。木椁就像一个很大的长方体木箱，是用诸多运送到墓葬现场的厚木板或方木搭建成的。椁盖板与椁底板是用厚木板东西向或南北向平铺排列而成，南北挡板与东西壁板则是由许多规格相近的方木相围垒砌叠筑而成。因椁顶板已腐朽坍塌，椁室中部凹陷很深，盗洞穿透木椁顶板，进入椁室之内，距离随葬器物已经很近。椁室内搭建有一个长方形木质框架，其上面与四周均蒙覆着绘有红色或黑色花纹的丝织物品，像一个帐篷罩在外棺上面，被称为棺罩。棺罩上面缀系悬挂着数量众多的铜铃、铜鱼、石贝、玉贝、陶珠等装饰品，与古代文献所记载大致相吻合。在木椁中央放置木棺，木棺周围放置许多青铜器（**图八**）。

　　随着发掘工作的不断深入，在棺椁之间放置的大量礼器、乐器、兵器、车器、马器等青铜器，一件接一件、一

图六　1991年，中国社会科学院考古研究所安志敏研究员、上海博物馆马承源馆长在虢国墓地发掘现场指导工作（右一姜涛、右二安志敏、右三马承源、左一宁景通）

图七　1991年，中国社会科学院考古研究所白荣金研究员在虢国墓地发掘现场指导并参与工作（左上一樊温泉、左上二姜涛、左上三宁景通、左下一白荣金、右上一孙建国、右下一王龙正）

图八　三门峡虢国墓地 M2001 墓底随葬器物出土状况

批又一批地暴露出来，它们严严实实地堆满了椁室周围，到处都是器物，基本没有清理者容脚之地。其中，铜礼器有鼎、鬲、甗、簋、方壶、圆壶、盘、盉、匜、尊、爵、觯、方彝等，乐器有铜编钟、铜钲、石编磬、大铃等，铜兵器有戈、矛、剑、箭镞等，车器有銮铃、轭、軎、辖等，马器有衔、镳、环、带扣、节约、络饰等（图九、图一〇、图一一）。

木棺分为大小相套的两层，其中外面的大棺称为外棺，里面套着的称为内棺，它们不像木椁是将木头运到墓葬现场临时搭建，而是事先做成且装殓死者后才运到墓地的。内外棺底部均铺有较厚的朱砂，墓主人被装在内棺之中，人骨架已经腐朽不存，但身上所佩戴玉器却是琳琅满目，光彩照人，其品种之全、数量之多实在令人惊讶（**图**

图九　三门峡虢国墓地 M2001 出土铜列鼎（7件）

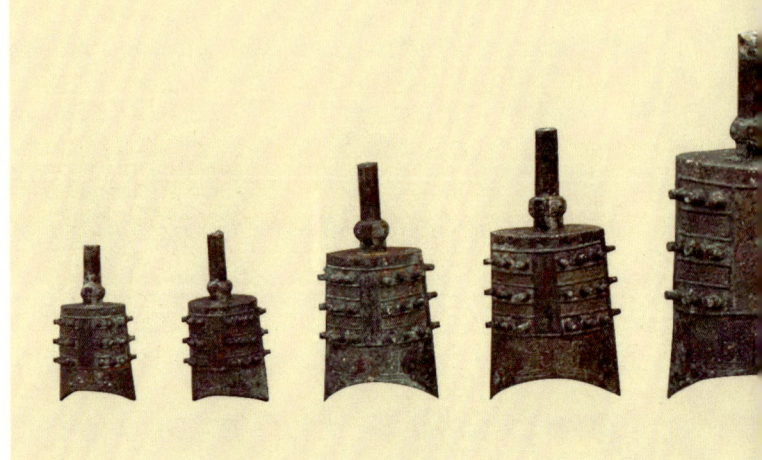

图一〇　三门峡虢国墓地 M2001 出土铜编钟（8件）

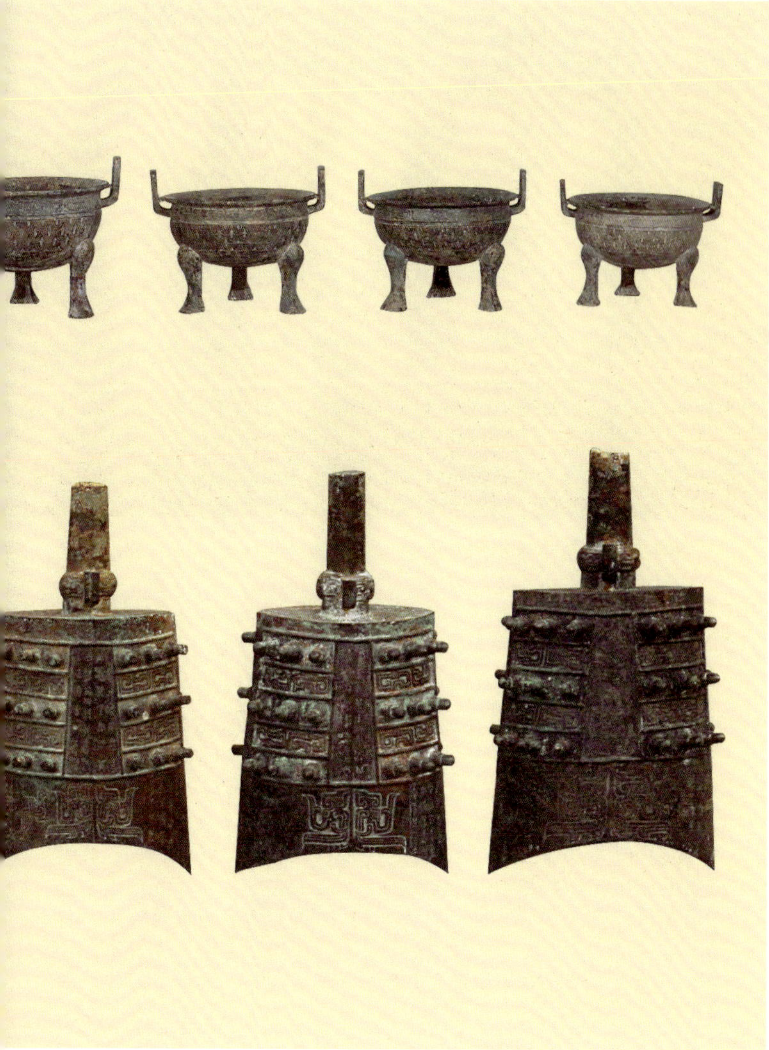

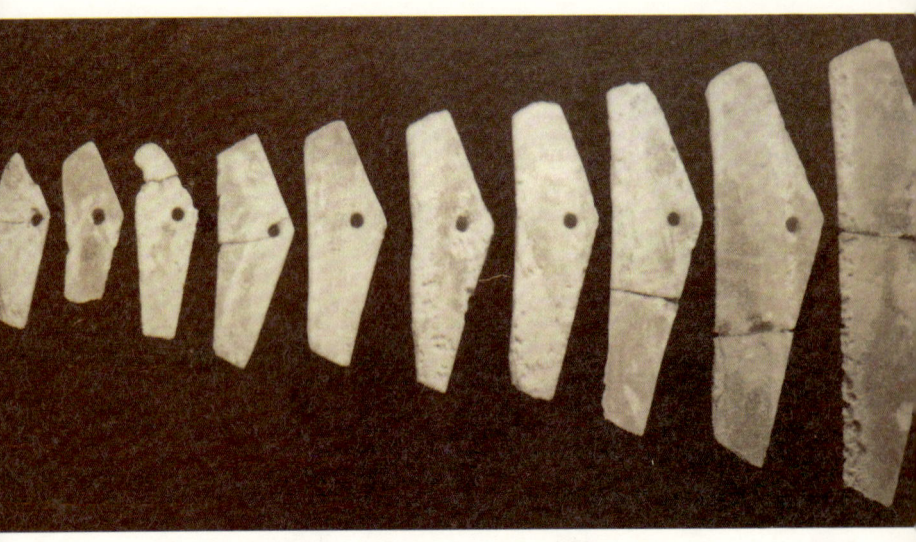

图一一　三门峡虢国墓地 M2001 出土石编磬（10 件）

一二）。在外棺顶板上、内棺顶板上、内棺中部与底部，分多层放置着大量珍贵的玉石器和玛瑙器，经检验绝大多数是用新疆和田玉制成的。在这些种类繁多的玉器中，既有较大型的琮、圭、璋、璧、璜等礼仪性玉器，也有各种各样做成禽兽形状如龙、虎、象、马、牛、羊、猪、鹅、鱼、龟、鸟等的单体佩玉，还有用红色玛瑙珠、玉佩或玉璜串联在一起，佩戴于墓主人颈项部位或胸前的成串的组

图一二　三门峡虢国墓地 M2001 内棺出土玉器（局部）

合玉佩；同时墓主人口内含玉，手中握玉，脚底踏玉，身下铺垫多件大玉璧等。

根据整理统计，该墓随葬器物总数量为5293件（颗），40余件铜礼器铸有铭文，据此可知墓主人名叫虢季，是两周之际虢国的一位国君[1]。

恐怕盗贼无论如何也不会想到，这个盗洞底部向下距离墓底只有1.3米深，向南0.7米处是该墓中最大的铜鼎虢季鼎，向东南0.6米处即是号称"中华第一剑"的玉柄铁剑。稀世珍宝与盗贼擦肩而过，可谓侥幸之至，令人欢欣鼓舞。

继续向下清理，玉柄铁剑揭开面纱，初露真容。剑锋朝下斜插在椁室东南角诸多铜车马器之间，一个装有带杆箭矢的箭囊放在一处。因为锈蚀严重，剑身从中间折断，推测其下半部可能尚埋在下面与铜车马器混杂的填土里。

三、铁发现的历史及意义

众所周知,铁是自然界中比较活泼的金属,铁器表层易被氧化,受腐蚀,形成铁锈层后会渐次剥落,所以很难完好地保存下来。即便侥幸得以保留,也大都残断破损,没有多少观赏价值。再者,那些发掘出土的早期铁器,因为存放环境骤然发生变化,旧有的稳态平衡被打破,会以比原来更快的速度遭受损害与毁灭,因此保护工作显得特别重要。

玉柄铁剑的剑身已经断为两截,表面锈迹斑斑,且成层脱落剥离,乍看之下实难称之为镇院之宝,若归入废铜烂铁之列,似乎一点也不过分;殊不知当年其华美与尊贵曾是天下无双，在兵营武库中独领风骚。

（一）铁的历史记忆

　　铁器（Iron Implements）是用铁矿石经人工冶炼加工而制成的器物。在此之前，人们已经在使用陨铁制成的兵器或工具。陨铁数量极少，所以无法推广使用。考古发现我国最早的陨铁制品是2件商代中期的铁刃铜钺，出现时间大致在公元前1400年左右[2]，其中1件出自北京平谷县（今北京市平谷区）刘家河商代墓葬中，其年代为二里岗文化上层略晚（图一三:1）；另1件出土于河北藁城（今石家庄市藁城区）台西遗址，略早于殷墟早期。此外，山西灵石旌介村商代墓也出土1件铁刃铜钺，经鉴定也是用陨铁制成的[3]。西周时期的陨铁制品，是现藏于美国弗利尔美术馆的1件铁刃铜钺（**图一三:2**）与1件铁援铜戈，据传出自河南浚县辛村西周早期墓葬[4]。在三门峡虢国墓地M2009虢仲墓所出戈、锛、凿、削刀、刻刀等9件铁刃铜器中，至少有铜内铁援戈、铜銎铁锛、铜柄铁削等3件已鉴定为陨铁制品（**图一四**），其年代为春秋早期[5]。《逸周书·克殷解》记载：武王"乃右击之以轻吕，斩之以玄钺"，其中玄钺，晋孔晁注为"黑斧"，当为陨铁制品[6]。西周时期的铜器铭文中，虽有几个字被一些学者隶定为"铁"字，但尚为假说，均不能证明必是。可以发现，我国在西周晚期以前尚未掌握人工冶铁技术，但当时已经了解到铁的锻造性能，认识到铁与青铜在材质上的差别，并特意将铁铸在钺、剑、戈等铜兵器乃至工具的刃部，专门应用铁的锐利特性，以增加其对敌杀伤力或切割功能。

图一三 铁刃铜钺
1. 北京平谷刘家河商代墓出土；2. 河南浚县辛村西周墓出土

图一四 三门峡虢国墓地 M2009 出土铜内铁援戈

陨铁与人工冶铁制品的区别在于：用陨铁制成的铁器含镍量高，没有早期人工冶炼所必然带入的杂质，而从冶炼铁矿石所得铁器基本不含镍，即使含镍，数值也很小。人工铁器的出现使人类历史产生了划时代的进步。公元前2500年左右，居住在小亚细亚的赫梯人首先生产出世界上最早的人工冶铁制品——铜柄铁刃匕首；但直到公元前1500年之后，人工铁器的使用在中东、西亚、地中海地区才日益普遍，大约在公元前1200年—前1000年，欧洲部分地区与中亚多数地区陆续进入铁器时代。当人工铁器得以批量生产后，很快被广泛应用于日常生活和狩猎、战争等各个领域。铁从开始出现就被世人所珍视，常用珍贵的黄金做柄来装饰，譬如古埃及法老图坦卡蒙的墓葬中出土有一件金柄铁剑，其制作年代为公元前1323年以前。

2013年，甘肃省临潭陈旗磨沟两座墓葬出土的铁条与铁锈块，经鉴定是由块炼渗碳钢锻打而成[7]，其年代为公元前14世纪，属于我国的商代晚期，与中东、西亚地区使用铁器的时间相当。在以往的考古资料中，人工冶铁器物较多地出土于我国西北的新疆地区，并在甘肃、青海、宁夏、陕西西部等地也频有发现，其制作年代大约在公元前10世纪至公元前9世纪。以上这些器物显然都应是产自伊朗等西亚诸国的舶来品，而人工冶铁技术却并未一起传播过来。

经检测得知，最早由中国自己冶炼获得的人工铁制品实物，是河南三门峡市发现的两周之交的M2001號季墓的玉柄铁剑、铜内铁援戈，稍晚的还有M2009號仲墓的铜骹铁叶矛，与陕西韩城市梁带村芮国墓地春秋早期"中"字形大墓M27所出铜柄铁刃削刀、铜内铁刃戈（图一五)。它们的金相组织显示,除虢墓戈为块炼铁外,虢墓剑与矛、芮墓戈与削刀皆为块炼渗碳钢[8]。其中虢墓M2001铜内铁援戈,其锋部与刃部为铁质材料,内部与援本部位镶嵌有用绿松石装饰的龙首纹与卷云纹,十分精美(图一六)。应当注意到,除前述铜矛外,M2009还出土有铁刃的铜戈、锛、凿、削刀、刻刀等8件,多数为陨铁制品。人工冶铁与陨铁制品同时共存,是铁器出现并发展的初级阶段的特征,在世界其他地区的文明古国如古埃及以及美索不达米亚、安纳托利亚等地也是如此[9]。西周时期是中国青铜器的鼎盛时代,青铜材质容易获取,铁质材料却极为难得,但并非没有铁器,因为西周晚期的晋侯苏编钟铭文据考证是用铁刀刻成的,但无法知道它是陨铁还是人工铁制品[10]。需要说明的是,在虢国墓地数百座墓葬

图一五 陕西韩城梁带村芮国墓地 M27 出土铜柄铁刃削刀

图一六 三门峡虢国墓地 M2001 出土铜内铁援戈

中，唯有M2001与M2009两座国君墓出土铁器，甚至连两座虢太子墓也没有，可见当时铁器是多么珍贵。这就是为什么虢国国君虢季在制作铁剑时，竟用珍贵的和田玉制成玉柄作为装饰物，这自然是"物以稀为贵"！

关于我国人工冶铁的时间，早年黄展岳先生曾在分析古文献的基础上，结合考古发掘成果，推定在春秋后半叶[11]，显然失之过晚；杨宽先生将它限定在西周中期至春秋中期之间[12]，又显得过于宽泛；近些年来在陕西陇县边家庄、甘肃礼县秦公墓地赵坪M2等两座春秋早期墓中各出土一件铜柄铁剑，所以被人们认为是春秋早期。对于出土铁器的虢国墓地M2001、M2009两座国君墓的年代，过去认为是西周晚期；近期有学者研究指出，其墓主人虢季与虢仲分别为《左传》记载的虢公忌父与虢公林父，埋葬年代均为春秋早期[13]。至于虢季墓所出玉柄铁剑，则明显早于墓葬本身的年代。如前文所述，玉柄铁剑的剑首底端与插入销钉的圆孔两端，及铜芯向外伸出部分的表面均镶嵌有绿松石片，而流行以绿松石碎片为镶嵌饰物是夏、商、西周时期的特征，春秋初期以后这种现象就逐渐消失了。因此，M2001的玉柄铁剑与铜内铁援戈的铸造年代均应为西周晚期，相当于墓主人虢公忌父青少年时期或者更早，后被其父所赏赐，最终埋在他自己的墓内。值得注意的是，比M2001虢季墓稍晚的M2009虢仲墓有陨铁与人工铁同时并存，表明春秋早期的铁制品尚未脱离原始阶段，刚刚出现的人工铁制品也没有实现量产。

与世界其他文明古国相同，中国古代早期采用的主要冶铁技术也是块炼法。块炼法是指在较低温度下用木炭火燃烧铁矿石，并在固态条件还原成铁块材料的方法。块炼铁也称为锻铁，含碳极低，质地柔软，适于锻造成型，其硬度尚不如青铜器。由于在锻打前疏松多孔，故也被称为海绵铁。块炼铁在加热锻造、制作产品的过程中，继续与炭火接触，使碳渗入铁中，致使硬度大大提高，继而成为块炼渗碳钢。唯有用它制作而成的兵器和工具，其性能才能赶上甚至超过青铜，从而使器具刃、锋部位薄而锐利。因此可以说，块炼渗碳钢的出现，对促进钢铁技术的传播和发展起到了十分重要的作用。

我国数十年来的考古发掘资料表明，春秋早期以后，我国境内各地如雨后春笋般不断发现人工冶铁制品，再没有间断过，这表明中国的冶铁技术已经成熟并发展开来。

"授人以鱼不如授之以渔。"尽管中国新疆地区很早就有铁器出现,但那只是被赠之鱼,不能解决长久之需。由于以前没能掌握冶铁技术,致使中国直到西周晚期才由自己独立生产出第一块人工冶炼铁,就像是吃鱼的人总算是掌握了捕鱼的方法,继而铁器才在中国逐渐普及开来。

(二)我国铁器时代的曙光

虽然欧洲进入铁器时代较早,但当时冶炼的都是块炼铁,至于生铁冶炼技术直到中世纪晚期(1400年左右)欧洲发明水力鼓风炉以后才出现。然而,根据早期铁器的金相检验,中国在块炼铁出现不久,就掌握了竖式高炉生铁冶炼技术。春秋中晚期之际,山西曲沃天马-曲村遗址春秋早期后段84QJ7T12④:9铁器残片和春秋中期前段的84QJ7T14③:3铁器残片,经鉴定为过共晶白口铁,是迄今为止我国最早的铸铁残片，这种液态生铁的冶炼技术比欧洲早了2000多年[14]。当时为增强火力，迅速提高炉温，特意由人力或畜力带动皮制鼓风设备"橐"为高炉鼓风，从而冶炼出生铁来。

公元前7世纪的春秋早期，铁器的发现地西起关中和陇东一带，东到山东济南一带，北有晋南曲沃天马–曲村，南至长江三峡；公元前6世纪的春秋中晚期，铁器的发现地域继续扩大，在西起陇东、东到江苏六合，北起山西长子、南达湖南长沙的广阔地域都有所发现。据不完全统计，春秋时期中原地区发现有人工冶铁制品的地点有30处左右，铁器近百件，其中半数为铜铁复合制品。属于手工业或农业生产工具的计有斧、锛、钁、锸、铲、砍刀、刮刀、削刀等，兵器有戈、矛、剑、铁铤铜镞等，此外还有鼎形器、环、铁丸、铁条等。春秋早期陨铁和人工铁同时并存，铁尚且是难得的贵金属，即便在整个春秋时期也没有普遍应用于农业生产，因而尚属"铜铁并用时期"[15]，只有到战国时期，中国才真正进入铁器时代。但是透过这件玉柄铁剑，我们已经看到了中国铁器时代的曙光，它标志着那个新时代即将来临。

春秋中期及其以后，人工冶铁技术臻于成熟，铁器开始较大量地出现在我国中原及南北方地区。春秋时期至战国早期，我国甘肃、宁夏、江苏、湖北、湖南、河南、山东、山西等南北各地都发现有人工铁器。早期铁器大都被用于兵器上面，因为兵器需要锐利的锋刃，而唯有铁才能满足这种特殊的需要。进入战国时期，中原冶铁业发展迅速，铁器作为兵器、农业生产工具、手工业木工工具、手工艺工具等消费品被广泛使用。战国中期以后,铁器出土遍及各个诸侯国,应用到社会生产和生活的各个方面,在农业、手工业部门中占据十分重要的地位,当时楚、燕等国竟然达到以铁制武器装备军队的程度。战国时期,铁器很快传播到北方的匈奴和南方的百越地区,还经由朝鲜传入日本。西汉时期,应用铁器的地域更为辽阔,器类、数量显著增加,使用范围更加广泛,质量也有所提高,最终取代了青铜器。

近年来,在全国二十多个省市出土的铁器中,属于公元前3世纪的约有4000件,其中在晋中、晋南和晋东南,多处战国时代的大型平民墓中出土了700多件铁器,三晋地区成为出土公元前5世纪至公元前3世纪铁器最多的地区,无疑是战国时期中国冶铁业的一个中心。

春秋战国时代,铁器的类别有兵器、农具、手工具及杂器等，尤以农具和手工具为大宗。具有锋利刃部的铁器，不仅在兵器中表现出青铜器无可比拟的杀伤力，在青铜器铭文的铭刻中也显示出其非凡的刺透力，河南新郑发现的窖藏春秋铜兵器中戈、矛、剑的契刻铭文均为铁制刻刀的杰作，更在石刻文字和古玺文字领域显示出无可取代的地位。《管子·海王》记载，凡工匠必须具备斧、锛、凿、锯、锤等手工具，正如《论语·卫灵公》所言"工欲善其事，必先利其器"，而这正是当时手工艺技术应用铁器的真实写照。

古代文献明确记载了铁器出现后被用于农业生产工具方面的情况，如《国语·齐语》云"美金（此处指青铜）以铸剑戟，试诸狗马；恶金（此处指铁）以铸锄夷斤斸，试诸壤土"；并且对铁器的应用范围也有详细记录，例如

《管子·轻重乙》曰:"一农之事必有一耜、一铫、一镰、一耨、一椎、一铚,然后成为农。一车必有一斤、一锯、一釭、一钻、一凿、一𬭚、一轲,然后成为车。一女必有一刀、一锥、一箴、一𫓧,然后为女。"由此可见,铁器已经深入到人们日常生活的方方面面,大大改变了人们以往的生产与生活方式。

就拿东周时期的齐国为例,冶铁技术在出现之后有过迅猛发展的阶段。春秋偏早的齐桓公时期,被称为"断山木,鼓山铁"的冶铁业已成为齐国重要的手工业部门,《管子》详细记载了与铁器相关的诸多事情。齐国的铁矿资源十分丰富,据《管子·地数》记载,齐地有"出铁之山三千六百九山",齐国故城勘探发现六处冶铁遗址,其中两处面积达40万平方米。汉代在全国设置铁官49处,山东就有12处,大多在齐国故地。古代文献详细记载了寻找矿藏的方法与经验,例如《山海经·中山经》:"求山……其阳多金,其阴多铁。"又《管子·地数》说:"上有丹沙者,下有黄金;上有慈石者,下有铜金;上有陵石者,下有铅锡赤铜;上有赭者,下有铁。此山之见荣者也。"这是通过矿山裸露矿石的颜色来判断不同矿体蕴含量的找矿方法,所谓"见荣"是指矿石表面透露出的某种矿藏的显著特征,有的则反映了不同矿体的共生关系。

毫无疑问,铁制农具的广泛应用,铁矿资源的开采,冶铁业的长足进步与煮海为盐的丰厚利润,带来了齐国经济的快速增长。齐国在经济上的富裕强盛,促使齐桓公在政治上谋求霸权。公元前651年,齐桓公在葵丘(今河南民权东北)大会诸侯,周王派宰孔参加,赐给齐桓公"专征伐"之权，从此改变了"礼乐征伐自天子出"的政治局面，进而使齐桓公得以成为春秋五霸的首位霸主而名扬天下。

可以毫不夸张地说，春秋时期铁器的出现，助推各地诸侯国迅速强盛起来，催生了"春秋五霸"的兴起，导致周王朝名存实亡。作为古代农业生产中最重要生产资料的铁农具，它的推广应用，开创了秦国统一六国的帝国大业，使汉代初期社会财富迅猛增加，国家粮库的粮食大量盈余，以至于达到储备粮食"陈陈相因"乃至坏掉的程度。自汉代以来，直到上世纪70年代，中国农村基本上没有太大变化，犁耕农业一直是维持中国人低级生存状态的科学技术。然而，我们也必须知道，在封建社会后半期，随着人口数量的大量增长及军费开支的增加，这种自汉代开始以犁耕农业为主要经济方式的小农经济，已经不能满足中国社会消费的基本需要，人们多数时候都是过着半饥不饱的艰难生活。即便是西汉时期，平民的生活也未必就十分富裕，因为农作物亩产量很低，这是中国铁器时代人们生活的基本状况。

铁器的发明是社会生产力的一大进步，成为社会发展进步的强大推动力。郭沫若先生提出的战国封建制度说，最重要的根据就是铁器的应用[16]。因为铁制工具应用于农业生产和手工业生产领域，极大地提高了劳动生产率，给人们生活诸方面带来很大变化，引发中国经济的急速转型和快速发展，宣告了中国奴隶社会的崩溃瓦解，从而开启了中国历史上封建社会的秦汉帝国时代。

春秋末期到战国初期，竖式炼铁炉生产的白口生铁已发展为展性铸铁，有可能出现了铸铁脱碳技术。目前所出土战国铁质生产工具大约有十多种，其中多数是生铁和它的柔化处理件，块炼铁已经处于辅助地位。战国时期多数农具用处理后的可锻铸铁制作，如河北易县燕下都遗址的铁钁、铁锄、铁镈等，在南方有湖北包山出土的空首斧、湖南长沙出土的铁铲等，也都采用铸铁可锻化退火处理。

　　至迟到西汉中叶，灰口铁、铸铁脱碳钢兴起，随后又出现生铁炒钢（包括熟铁）的新工艺，使生铁得以大量生产。东汉时期，炒钢、百炼钢继续发展，到南北朝时杂炼生鍒的灌钢工艺问世。至此，具有中国特色的古代冶炼技术体系已基本建立。中国冶铁业的出现虽然晚于西亚和欧洲，但它的发展速度更为迅猛，并在以后相当长的一段时间，一直走在世界冶金技术的前列。

四、和田玉的美德寓意

玉器在中国是一种十分独特的艺术品,没有哪个国家对玉器如此地情有独钟,因而成为中国古代文明的重要标志之一。中国的玉料储藏量十分丰富,而且品种齐全,质地优良。自新石器时代早期,人们就已经认识到玉器的装饰功用,遂将玉材加工成不同形状的器物,并将人们的思想意趣、审美意识融入其中,以寄托自己的追求和向往。至少在我国古代,玉器因为是一种不可多得的稀有物品,故而又是社会财富的一种象征,大多为富裕的贵族阶层所拥有,一般平民百姓则很少使用。从考古发掘情况可以看出,在氏族首领或王侯贵族墓葬中,往往随葬有数量较大且精美雅致的玉石器，这既是经济实力较强的反映，也是政治权势较大的象征。在周代礼仪制度中，根据玉的品类、质地、色泽、尺寸、纹饰，玉器被区分为不同等级和品位，在使用过程中与不同级别的贵族相对应，也就是说，什么样的贵族当用什么样的玉器，大都有着较严格的规定。因此，玉器还代表着贵族人士的身份与地位，是使用者尊卑贵贱的风向标。

　　早在我国青铜时代中后期，在兵器类中，除用玉材制作大量的斧、钺、戚、戈、璋、矛、刀等仪仗类玉礼器或装饰类佩玉之外，玉还与铜相结合，被制成铜内玉援戈、铜骹玉叶矛等用不同材料相嵌接而成的组合式兵器，或者以装饰的方式将绿松石镶嵌在戈、矛等铜兵器上。受到北方草原文化的影响，青铜短剑传播进入中国境内，继而成为商周时期贵族阶层人士争相获取的时尚收藏品,在我国新疆、甘肃、陕西、山西、河南北部等地区的墓葬中时有发现。进入早期铁器时代以后,将玉、铁或金、铁或铜、铁等两种不同材料以嵌接的方式制成兵器,成为一种流行时尚,本文所谈的玉柄铁剑即是这样一种器物。黄金、玉石都很珍贵,它们既被做成附件安装在铁剑上面,显然是为起到陪衬与装饰作用,足显出当时铁器的罕见与贵重;这种意识在春秋战国时期还催生出一种特别注重装饰效果的兵器——玉具剑。单就剑身玉饰件而言,一柄完整的玉具剑计有装饰剑身的玉剑首和玉剑格,与装饰剑鞘的玉剑璏、玉剑珌等四个组成部分。玉具剑是王侯贵族身份地位的象征,流行于东周两汉时期。

在青铜和玉石材料相嵌接的器物当中,以玉身铜内钺、玉援铜内戈、玉叶铜骹矛等礼仪类玉器最为常见，并且在其铜质部位大都以绿松石片为镶嵌装饰物。在美国弗利尔美术馆收藏有1件玉身铜内钺，其中内部镶嵌有绿松石片，其图案为简易旋转式涡纹，纹饰的外轮廓近似长方形，其年代为商代中期（**图一七**）。在玉援铜内戈中，最早的1件出土于河南新郑市新村乡望京楼，青铜质的内部与栏前三角形区域饰以细阳线变形夔龙纹与兽面纹，青白玉援锋部略微下抑，通长32厘米，年代为商代早期，现藏于河南博物院（**图一八:1**）。在河南安阳殷墟早期的妇好墓中，也出土1件玉援铜内戈，其中铜内后部饰镶嵌绿松石片的歧冠凤鸟纹，青玉援的锋部呈三角形，通长27.8厘米（**图一八:2**）。尤其需要介绍的，是1件仪仗类玉礼器，即通长35.4厘米的玉援铜柲戈，现藏于美国弗利尔美术馆,据传出自河南安阳殷墟。玉戈大都是素面的,然而这件玉戈的援部正背面却雕刻着由线条流畅的卷云纹组成的夔龙纹;并且在铜柲上面,用绿松石碎片镶嵌有夔龙纹、龙首纹与三角形蕉叶纹等(**图一九**)。在我国数十年的考古发掘中,带有铜柲的戈或矛从没有发现过第二件,加上那华丽精致的绿松石装饰,真让人叹为观止。对玉叶铜骹矛,可举以下几例予以说明:其一是河南安阳黑河路晚商墓葬出土的,玉叶质地细腻温润,呈豆青色,略泛青绿色,铜骹前后端均各饰一组兽面纹,中段为三角形纹,原本镶嵌有绿松石片,现已脱落,通长22.5厘米(**图二〇:1**);其二是1986年河南安阳小屯村十一号晚商墓出土的,青玉叶部分呈柳叶形,铜骹上面以绿松石碎片镶嵌成一组惟妙惟肖的蛇纹,端庄秀丽,精致美观,通长21厘米（图二〇:2）。

从玉所特有的温润缜密而不张扬的自然属性中，人们引发出许多做人的道理来，从而赋予玉以种种美德。《说文解字》曰："玉，石之美，有五德：润泽以温，仁之方也；䚡理自外，可以知中，义之方也；其声舒扬，专以远闻，智之方也；不桡而折，勇之方也；锐廉而不忮，絜之方也。"孔子也把玉德和君子的操行联系在一起，称玉有十一种美德，如仁、义、礼、智、信、忠、乐、天、地、德、道等。中华民族这种崇玉、爱玉的风尚，历世历代继承发扬，经久不衰。《礼记·玉藻》说"古之君子必佩玉……故君子在车则闻鸾和之声，行则鸣佩玉"，又说"君子无故，玉不去身，君子于玉比德焉"。这是在提醒人们要牢记玉的品德，并使之成为自己做人的准则。

图一七　美国弗利尔美术馆藏玉身铜内钺

图一八　玉援铜内戈
1. 河南新郑新村乡望京楼出土；2. 河南安阳殷墟妇好墓出土

图一九　美国弗利尔美术馆藏玉援铜柲戈

1　　　　　　2
图二〇　玉叶铜骹矛
1. 河南安阳黑河路晚商墓葬出土；
2. 河南安阳小屯村十一号墓出土

当玉柄铁剑乃至其他兵器以玉作为装饰的时候，总让人感受到一种不可思议的奇异韵味。本来铁剑、铜戈、铜钺都是用于杀人的武器，看起来丝毫不留情面，透着战场带给人们的那种血性与残暴，然而却又用和田青白玉与之相配合，显出冰清玉洁的至美至纯，宛如柔情似水的少女情怀，给人一种回归静谧、偷享悠闲的感觉。这种奇妙的结合，可能正是要抵消战争那种肃杀严酷的氛围，给人带来宁静与平安。由此可以看出，这种器物已经失去了它的战争功能，是一种专门用于仪仗而非实用的武器，仅具有象征性的意义罢了。

五、短剑家族及其历史源流

在世界古代诸多战备物资中，被列为短兵器的剑从来都是冷兵器时代早期的宠儿，堪称武器中的贵族，尤其是装饰华丽的短剑显得更胜一筹，无疑就是那贵族中的精英。因为从没有哪种兵器能像剑那样被装饰得如此雍容华贵，美轮美奂。在世界范围之内，黄金、美玉和宝石历来被视为上等物品与财富的象征，却成为剑尤其是铁剑的附属品，被装饰在剑的柄部或其他部位，更显示出当时铁的珍贵，虢季墓这件玉柄铁剑正是这种背景下的产物。

春秋早期的中国正处于青铜时代的鼎盛时期，所以最常见的仍然是铜剑。至于短剑家族中的金柄或玉柄铁剑，在考古发掘中固然偶有所见，但终究数量不多。如果追本溯源，很容易就会发现，玉柄铁剑是由我国北方大草原的青铜短剑发展演变而来的，属于短剑家族的一位成员。

商周时期，我国北方草原民族流行一种制作精美的青铜短剑。春秋时期，在剑的长度方面出现了较大的分歧：有一种剑剑身被加长，成为长剑；另有一种剑剑身被缩短，成为匕首。战国时期，由于铁器刃端更锐利，于是出现了铁长剑，与铜长剑并行于世。直至汉代，我国边远地区仍然存在铜短剑或铜柄铁剑，中原地区则为铁长剑的流行市场，在较大的平民墓中大都随葬有一柄铁剑。

（一）装饰豪华的铁剑、铜剑

在短剑家族当中，因物以稀为贵的缘故，古人对铁剑爱慕有加，常以黄金装饰剑柄。世界上最早的金柄铁剑是在古埃及法老图坦卡蒙的墓葬中发现的，铸造年代为公元前1323年以前。同样，在中国铁器被发现初期，也有过金柄铁剑，但年代却晚了许多。相比世界其他国家，唯有中国对玉石情有独钟，古人以美玉装饰剑柄，制成玉柄铁剑。除此之外，还有用玉制成的玉剑，以及用玉装饰的铜剑和铁剑——玉具剑，乃至铜柄铁剑、金柄铜剑等。这些装饰豪华的剑，是古代高级贵族奢侈生活的标志之一。

1.玉柄铁剑（含玉具剑）

除虢国墓地M2001之外，春秋晚期墓中还有2件玉柄铁剑，其装饰纹样更加繁缛。其中1件出土于河南淅川下寺M10春秋晚期楚墓，属短剑类，曾被称为玉柄铁匕首。其铁质剑身锈蚀严重，柳叶状，锋圆钝，大部残缺；唯玉柄部保存较好，青白色玉，表面饰蟠螭纹和云纹；通长22厘米，柄长10厘米，铁剑身长12厘米[17]（**图二一:1**）。还有1件出土于湖北郧县（今十偃市郧阳区）乔家院春秋晚期四号墓中，属长剑类，应是最早的玉具剑代表。其剑柄部采用整块乳白色玉料雕刻而成，剑茎末端镶嵌61片长方形绿松石碎片，剑身近格处有用丝织品包裹痕迹；剑身残长21厘米，格宽1.6厘米，茎长2.2厘米[18]（**图二二:1**）。在山东淄博市临淄区范家村墓地也出土1件长铁剑，属于玉具剑范畴，其中剑首与剑格均由青白玉制作而成，其年代为战国晚期至西汉早期[19]（**图二一:2**）。

2.金柄铁剑、铜剑

金柄铁剑计有7件，最著名的3件出土于1992年发掘的陕西宝鸡市益门村二号墓，皆为短剑类，形制大同小异，柄部装饰纹样各有不同，年代属于春秋中期[20]。铁质剑茎插入金柄预设洞孔内，剑身为柳叶形，剑柄呈扁体状。其中M2:1，剑柄正背面均饰以细密蟠螭纹，纹样间以绿松石和料珠镶嵌成勾云纹与眼目形，以象征羽翅和兽目。柄部中空，两侧各有五个方形突齿，剑身外有织物包裹印痕，推测外有剑鞘，鞘身饰有七枚金泡，通长35.2厘米。M2:2，柄部为实心，呈扁体八棱状，剑首与剑格部位各镶嵌以绿松石小珠，残长30.7厘米。M2:3，柄部较粗，正、背面突起十六个小圆管，每个管口各饰一个绿松石小珠，长27.4厘米[21]（图二三）。

1977年，山东沂水刘家店子春秋中期墓M1出有1件金柄铁剑，只是剑身已经因受腐蚀而不复存在[22]。值得一提的是，该墓伴出5件扁茎铜剑。

在英国大不列颠博物馆收藏有1件金柄铁剑,其中只剩下金剑柄,剑身为铁质,已残失。剑柄饰精细的失蜡法镂孔蟠螭纹,据说是1923年在山西浑源李峪春秋战国之际晋国墓葬中出土的,金柄残长5.75厘米[23],属于短剑类。

河北易县燕下都辛庄头战国晚期墓M30出土2件金柄铁剑[24],其中柄、首、格均为金质,剑身为铁质,并有木质剑鞘,属长剑类。标本M30:104,剑鞘口镶嵌"凹"字形金箔,金箔中部模压出兽面纹,两侧是羊首纹和绹索纹。鞘身饰金箔,模压兽纹与鸟纹。鞘末端装饰金珌,其上饰连体龙凤纹。剑格呈兽头形或呈双环形。其金柄剑首显然受到北方地区青铜文化影响。剑身通长71.6厘米,剑身宽3.8厘米。标本M30:105,与前者大体相同,所饰纹样稍有差异,剑身通长71.4厘米,剑身宽3.6厘米(图二二:2、3)。

除金柄铁剑之外，还有2件金柄铜剑。其中1件出土于河南省辉县（今辉县市）琉璃阁甲墓，现藏于台北历史博物馆，剑茎与首皆为金质，格饰兽面纹，茎饰螺旋纹，首呈椭圆形，饰蟠螭纹，剑首中空，其边缘饰三角云纹，通长31厘米[25]（**图二四:1**）。另外1件现藏于日本东京白鹤美术馆[26]，其柄部形制与陕西宝鸡市益门村二号墓所出M2:2金柄铁剑较为接近，其年代亦与之大体相当，为春秋中期（**图二四:2**）。

3.铜柄铁剑

铜柄铁短剑计有7件之多，山西黎城县西关村M10、新疆群巴克墓地各出土1件铜柄铁剑，或认为属西周晚期[27]，但由于新疆地区的铁器大多从中东或西亚传来，不能轻易视为中国生产，山西黎城所出仅残留剑柄部分，无法得到

图二一　玉柄铁、铜剑
1. 河南淅川下寺 M10 出土玉柄铁剑（柄部）；
2. 山东淄博临淄区范家村墓地出土玉具铁剑（玉剑首、玉剑格）；
3. 陕西凤翔彪角乡战国早期秦墓出土玉首铜剑

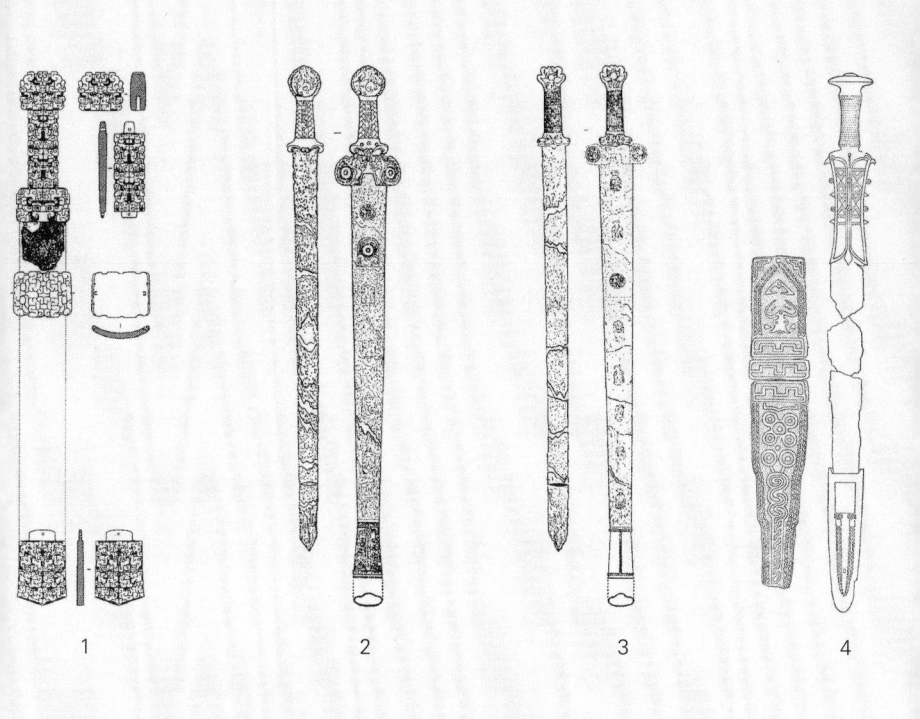

图二二 玉、金、铜柄铁剑（线图）
1. 湖北郧县乔家院M4:29出土玉柄铁剑；2、3. 河北易县燕下都辛庄头M30:104、105出土金柄铁剑；4. 云南晋宁石寨山出土铜柄铁剑（附铜鞘头与金剑鞘）

检验与证实。陕西陇县边家庄墓和甘肃灵台县景家庄墓、礼县秦公墓地赵坪墓区M2各出土1件铜柄铁剑，年代为春秋早期[28]，皆属短剑类。宁夏中卫县（今中卫市）双瘩村墓地M1、M3各出土1件铜柄铁剑，年代为春秋中期[29]。除去新疆、山西所出之外，这些铁剑柄部为青铜，剑身都是人工冶铁制品。稍有不同的是，边家庄剑采用将铁茎插入铜柄内的卯榫结构连接法，景家庄剑的铜剑柄则使用了焊接法。在云南晋宁石寨山一座墓葬中出土1件战国时期的铜柄铁剑，剑身因受腐蚀而断为数截，附配金剑鞘与铜鞘头[30]，属长剑类（**图二二:4**）。

4.玉剑、玉首铜剑

2005年，陕西韩城市梁带村芮国墓地春秋早期墓M27出土1件玉剑，并附有金剑鞘，通长29厘米[31]。此玉剑为青玉制成，因受沁略呈浅灰褐色，局部呈鸡骨白色，不透明。剑身修长，呈柳叶形，锋刃锐利，中部起棱状脊；长茎扁而较薄；格部向两侧凸出，雕饰花纹。金剑鞘大致呈玉圭形，口端有一周凸箍，末端呈三角形，表面自上而下依次装饰有多组左右对称的镂孔盘蛇纹，极富动感，精致美观。仔细观察对比，可知此剑鞘是模仿西周早期大型贵族墓葬中所流行的柳叶形扁茎铜剑及其镂孔铜剑鞘，只是剑鞘两侧没有向外伸展的双耳而已（**图二五:1**）。

2010年，位于河南新郑胡庄战国时期韩王陵一号墓东侧，被韩王陵封土叠压着的一座春秋晚期墓M96出土1件玉首铜短剑，习惯称为匕首，且附有玉剑鞘，通长29.5厘米[32]。此剑身为青铜制成，呈柳叶形，锋与侧刃皆十分锐利，中部纵脊较宽而厚，茎部扁而较短；玉首呈长方体，

图二三　陕西宝鸡益门村二号墓出土金柄铁剑（M2:1、2、3）

1　　　　2

图二四　金柄铜剑
1. 河南辉县琉璃阁甲墓出土；2. 日本东京白鹤美术馆藏

下端凿有凹坑，以容纳铜剑身。剑鞘用青玉制成，因受沁呈浅土黄褐色，不透明；鞘的形制为扁长条匣形，末端封闭，近口端两侧各向外伸展有半环形扁体双耳，显然是仿自西周早期大型贵族墓葬中所流行的柳叶形扁茎铜剑及其镂孔铜剑鞘，只是剑鞘上面没有镂孔罢了（**图二五:2**）。

1995年，陕西省凤翔县彪角乡瓦岗寨砖厂一座战国早期秦墓中出土1柄玉首铜长剑，通长43.3厘米[33]。青玉首，冰青色，大部有赭色与褐色斑块。玉首正视为梯形，横断面呈菱形，铜剑身呈柳叶形，中部有直棱脊，玉首正面钻圆孔，剑茎插入其中（**图二一:3**）。

（二）玉柄铁剑的源头——草原铜短剑

在我国北方自东向西，从西辽河流域经燕山南北、

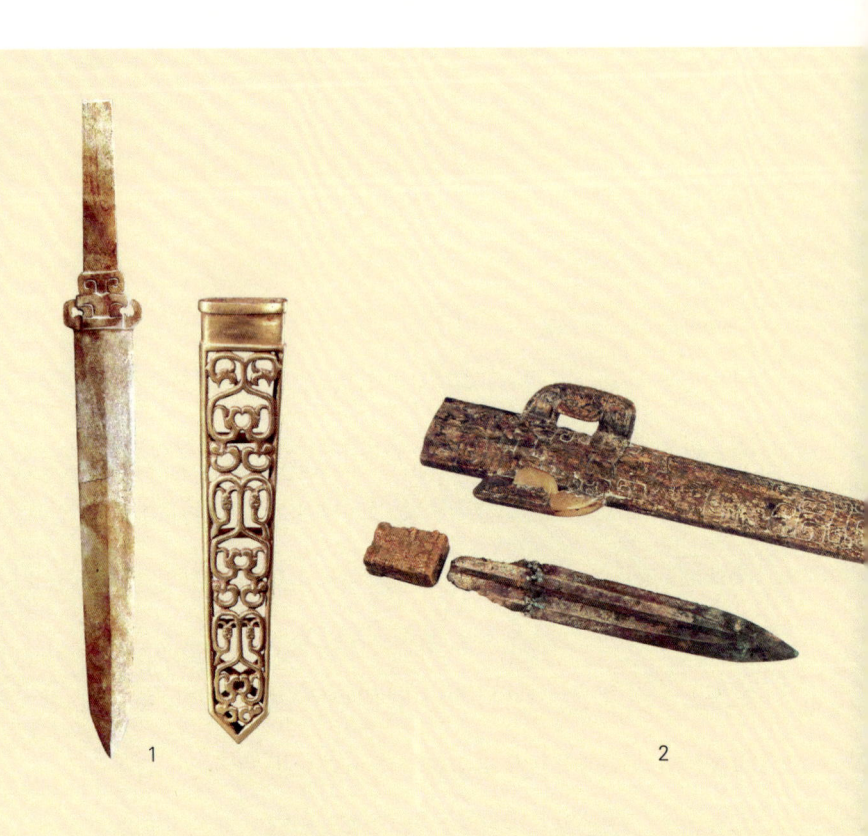

图二五　玉剑、玉首铜剑及金、玉剑鞘
1. 陕西韩城芮国墓地 M27 玉剑（附金剑鞘）；2. 河南新郑胡庄 M96:31 玉首铜短剑（附玉剑鞘）

阴山、贺兰山至陇山一线，也就是长城内外这一弧形狭长地域，因同处于一种半干旱的气候带内，当地人们的生产与生活方式也大致相同。在经历了降雨量丰沛的夏代，进入商代之后的一段时间里，由于降雨量骤然减少，原来的农业民族一变成为半农半牧的草原居民。他们活动在内蒙古东南部、河北北部、山西北部、内蒙古中南部、陕西北部至甘肃、青海这一广袤大地上，创立了具有鲜明特色的青铜文化。这类民族群体生产和使用的北方草原地区青铜器，过去曾被称为鄂尔多斯式青铜器，近年被学者称为北方系青铜器[34]。这种青铜文化大致可分为连续发展的五期：夏代至殷墟一期是产生期，殷墟二期至西周早中期为发展期，西周晚期至春秋早中期为演进期，春秋中晚期之际至战国为鼎盛期，战国晚期走向衰落[35]。

在欧亚大陆北部少数民族群体的铜兵器中，最具特色的是曲柄短剑和曲柄刀，它们之间的区别并不大，无非是刀为单侧刃而剑为双侧刃罢了，其柄部或首部有时几乎完全一致（**图二六**）。由此可以看出，短剑是由刀发展演变而来的，而且短剑被称为"径路刀"的信息也透露出它们之间的密切联系。商代早期，我国已进入青铜文明时代，因受到中原文化的影响，产生了适宜当地人们生产、生活方式的青铜器，于是第一把青铜剑诞生于内蒙古鄂尔多斯市伊金霍洛旗朱开沟遗址，被誉为"中华第一铜剑"。这把青铜短剑剑身略呈柳叶形，剑锋尖锐，中部有厚脊，双侧刃，直柄中间有两道凹槽，剑首略呈环形，剑柄与剑身衔接处的两侧向外有对称凸饰，柄部缠绕麻绳（古文献称为"缑"），剑通长25.4厘米[36]（**图二七:4**）。当然，在蒙古草原和南西伯利亚等地也都发现有此类短剑，因而对于世界上最先发明并使用剑的人究竟是谁，目前仍然难有定论，但归之于欧亚大陆北方草原民族，应是可以肯定的。

在我国商代晚期的遗址中，许多铜短剑、刀具和匕匙等器具柄端常用镂孔球形铃、立体或平面动物形象作为装饰。这种具有鲜明特征的动物纹饰，是欧亚大陆草原游牧民族共同喜爱的艺术装饰题材，西方学者称之为"斯基泰-西伯利亚"风格，也就是所谓北方系青铜器的装饰特色。

在我国西周早期大型贵族墓葬中，大都出土有一种需要安装柄部才能使用的柳叶形扁茎铜短剑，宿白教授与林沄先生先后指出，它们可能起源于中亚、西亚地区的伊朗高原，与苏雷美赫 II、III 层所出同类器有发展演变关系[37]。古代的剑既然是少数民族随身携带的日常生活必备物品，试想草原游牧部落的人们出于宰杀牛羊以供给家人日常饮食的需要，最先发明并使用短剑是顺理成章的事情，所以杨泽蒙先生认为青铜短剑起源于北方草原民族[38]。

青铜短剑自发明以后，很快在游牧民族中间流行开来，首先传到我国东北地区，然后又经陕西，向南传播到巴蜀之地和云贵高原。由于入乡随俗的缘故，铜剑总要被新到之地的人们按照自己的意思进行改造，加进新的文化因素，成为反映当地人们日常生活的一种文化载体，从而形成各地铜剑形制不尽相同的复杂局面。由此可见，铜剑的发展可谓源远流长，内涵丰富多彩。根据其出土地的不同与形制特点的差异，可将其更具体地细分为北方系、西方系、西北系、西北西南系、东北系等五个不同的青铜剑系统。除此之外，如果依据诸多铜剑共同流行于某一地区的地域性特征，还可以划分出云南短剑、巴蜀短剑两类。在青铜剑的家族中，除短剑之外，还有西欧长剑、中原长剑、吴越长剑等。根据剑首、剑柄与剑格乃至刃部的特征，可将这批自商代开始，历经西周，一直流行到春秋战国时期的北方草原地区铜短剑，区分为铃首剑、禽兽首剑、环首剑、蘑菇首剑、俪首剑、扁茎剑、花格剑、花蒂格剑、曲刃剑等九种。本文所论玉柄铁剑，就其形制特征与长度而言，与此类短剑十分相似，由此可知，青铜短剑是玉柄铁剑的真正来源。

1.北方系铜短剑——铃首剑、禽兽首剑、环首剑、蘑菇首剑与俪首剑

据考古发现可知，我国北方地区长城内外以及蒙古

国乃至西伯利亚一带，无论是刀、剑、匕等青铜器，其柄首部位大都有基本相同的华丽装饰，或作立体动物形，或作球腔式铃形，或作扁环形等。商代晚期至西周早期，河南安阳殷墟以及山西保德林遮峪、柳林高红墓、石楼曹家垣遗址，均出土有柄部稍微弯曲的铃首铜短剑[39]，2005年陕西甘泉县出土1件短剑，与前者形制大体相同[40]。除此之外，在与之同时期乃至晚到春秋战国时期的遗址与墓葬中，诸如河北藁城县（今石家庄市藁城区）台西、张北县，内蒙古鄂尔多斯市伊金霍洛旗，北京延庆县（今延庆区）玉皇庙村墓地等处，也都先后出土有羊首刀、环首刀、蛇首匕、兽首匕、羊首剑、兽首剑、鸟首剑等兵器或刀具，表明殷墟晚期出现的那种具有异域风情的刀与短剑流行于我国北部地区。

长期以来，国内外学者大多是按剑首的不同特征对铜短剑进行命名的，譬如对那些布满辐射楔形镂孔的空腔式铃体者，称为铃首剑（图二七:1）；对那些做成动物或动物头部形状者，称为禽首剑或兽首剑（图二七:2、3）；对那些剑首部作环形者，称为环首剑（图二七:4、5）；对那些首端呈蘑菇形者，称为蘑菇首剑（图二七:6）；对那些剑首部呈左右对称且相向或相背而立的动物或其他形象（包括双环形），犹如骈俪相对者，均可称为俪首剑（图二七:7、8）。

在我国北方商代晚期与西周早期墓葬中常随葬一种弓形器（即车马具中的挂缰钩），它的两端有时也做成类似的空腔式铃首。这些器物柄首部位的装饰，展现出我国北方、西北方草原地区游牧民族文化独具特色的地方特征。

图二六 铜鹿首刀、剑

图二七　北方系铜短剑
1. 铃首剑；2. 蛇首剑；3. 马首剑；4、5. 环首剑；
6. 蘑菇首剑及鞘；7. 俪首剑；8. 俪首剑及鞘

延至西周早期，北京昌平白浮村一座木椁墓出土6件铜短剑，其中3件分别为马首、鸟首、蘑菇首剑[41]；洛阳北窑西周早期墓M216所出1件异形銮铃与M215所出1件铜较饰上端的空腔式铃首，均与剑铃首部位的形状基本相同[42]；商周墓葬所出铜銮铃分布多个辐射状楔形镂孔的铃腔，显然是借鉴于此类铜短剑、刀、匕端铃首的装饰风格。毫无疑问，这类铜短剑不管是扁茎，还是圆茎有柄首装饰者，均非商周文化自身的东西，实属于北方游牧民族文化系统。

2.西方系铜短剑——扁茎剑

西周早中期出土扁茎铜短剑数量较多，大都附有镂孔式剑鞘，分别见于西周早中期的甘肃灵台白草坡墓地，陕西长安（今西安市长安区）张家坡墓地、岐山贺家村墓地、宝鸡弳国墓地，北京琉璃河燕国墓地，河南洛阳北窑西周墓地等处的大型贵族墓葬中。河南洛阳北窑西周早期墓M215出土2柄铜短剑，均饰一组侧面之兽口吐长舌的纹样，其中1件上面铸有"丰伯"二字铭文[43]，可知是中原地区所铸造。从宝鸡弦国墓地西周中期M1乙弦伯墓所出短剑可以看出，这些剑原本是安装短木柄后才能使用的，然而在出土时木柄大都已经腐朽不存，仅剩下铜质剑身；它的扁薄茎上大都预设有小穿孔，用来贯穿铜钉以固定木柄。

1972年，甘肃灵台白草坡墓地二号墓出土1件附有镂孔剑鞘的扁茎铜剑，木柄已不存，茎部被折弯，通长17.5厘米，鞘长18.7厘米，宽10.5厘米[44]（**图二八**）。前文指出，这类短剑来源于中亚、西亚的伊朗高原，故可称之为西方系铜短剑。

近年，在陕西西安南郊少陵原西周墓地一座小型墓M280中，出土1件扁圆体剑柄的铜短剑，并附有镂孔铜剑鞘。剑通长23.8厘米，身长15.5厘米，柄长8.2厘米，首径3.9厘米×2.6厘米；短剑与剑鞘通长29.5厘米，剑鞘中段最宽处12.5厘米[45]（图二九）。这是北方草原有柄铜短剑与西方系扁茎铜剑鞘的奇妙结合，是不同文化之间相互交流与融合的产物。

应当说明的是，中原地区这种柳叶形扁茎铜剑自西周晚期已经消失，甚至周原一带的西周墓葬中再也不见它的踪影。然而不可思议的是，在年代属于战国早期的四川巴蜀文化墓葬中，竟有此类扁茎铜短剑及其铜剑鞘出土，并且还伴出有形制仿自西周时期铜礼器的同类器物，尤其是新出现了双剑并列插置其中的连体双剑鞘[46]，令人耳目一新。与西周时期那种镂孔剑鞘有所不同的是，剑鞘正背面均为封闭形，并有细密的装饰花纹。

1975年，四川成都市金牛区白塔村墓葬出土1件附双剑鞘的扁茎剑，剑鞘表面饰勾连云纹式变形窃曲纹，剑长26.5厘米，剑鞘长23厘米（图三〇）。1973年，成都市成都中医学院出土1件附有双剑鞘的铜剑，剑鞘表面饰凸起蟠蛇纹，剑长29.8厘米，剑鞘长28.5厘米。这两柄铜剑的年代都是战国时期。

3.西北系铜短剑——花格剑

受到北方草原文化影响，春秋时期我国北部地区流行着一种剑柄与剑身长度相差不大的铜短剑，其柄部的剑首、茎与格部大都装饰有花纹，被称为花格剑[47]，亦称为秦式剑[48]。目前我国考古发现年代最早的花格剑标本，是甘肃宁县宇村古墓所出铜短剑（图三一:1）与山西黎城县西关村M10所出铜柄铁剑[49]，年代均为西周晚期。然而因这两座墓葬都出土有诸如虎牌等极具浓厚北方文化特色的随葬器物，所以有学者研究认为墓主人是与西周文化有关的北方文化的戎人或狄人贵族[50]。另外，在河北怀来大古城春秋晚期墓葬出土一件花格剑，通长30.5厘米（图三一:2）。在与中国西北相邻的欧亚草原，即阿尔泰、哈萨克斯坦中部地区和帕米尔高原，相当于我国的西周时期也有类似短剑存在，显然是花格剑赖以发展的源头。在中国境内的花格剑被饰以蟠螭纹，大致可以宝鸡益门村二号墓所出金柄铁剑为代表。

4.西北西南系短剑——花蒂格剑

在西北方草原文化中有一种铜短剑，在相当于剑格部位，即剑身与剑柄接合部，装饰有四出或六出花蒂形纹样，整体看像花蒂包裹着含苞欲放的花蕾（即剑身）之形，因其从单面看似为三叉形，故又名三叉式护手剑，亦被称为"山"字格剑，其实当称为花蒂格剑。在新疆天山北麓墓地发现一件这样的铜剑，年代为公元前2000年至公元前1000年[51]；在米奴辛斯克盆地与克拉斯诺亚尔斯克所出铜剑的剑身呈等腰三角形，内收很明显，年代早于天山北麓墓地，应是这种剑的祖形[52]。这种剑大约在春秋中期以后出现于我国西北的甘肃、宁夏地区（**图三二:1、2**），日本东京国立博物馆所藏铜剑（**图三三**）与河南辉县琉璃阁所出金柄铜剑（**图二四:1**），柄部均饰螺旋纹，但没有花蒂格，年代应为春秋中晚期，应是上述铜短剑的一种变体。

图二八　甘肃灵台白草坡墓地二号墓出土扁茎铜剑（附剑鞘）

图三〇　四川成都金牛区白塔村墓葬出土扁茎铜剑（附双剑鞘）

图二九　陕西西安南郊少陵原西周墓地
M280 出土扁柄铜剑（附剑鞘）

图三一　花格铜剑
1. 甘肃宁县宇村古墓出土；
2. 河北怀来大古城出土

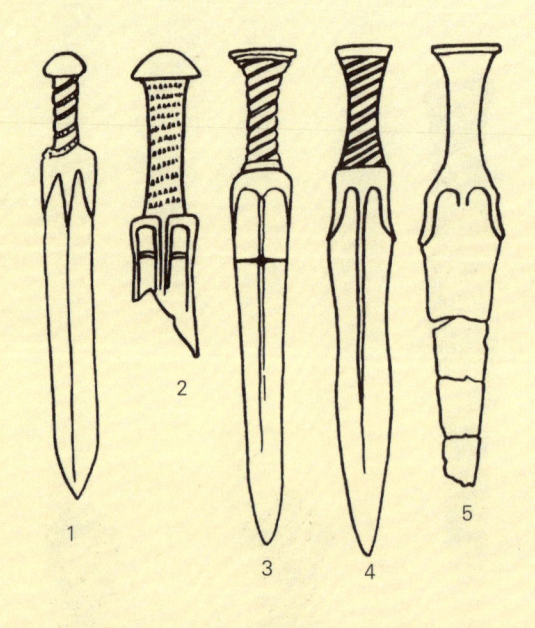

图三二　花蒂格铜、铁剑（线图）
1.宁夏中狼窝子坑 M3；2.宁夏西吉陈阳川村墓；3.云南德钦永芝古墓；4.云南弥渡苴力；5.云南江川李家山 M21（其中 1、3、4 为铜短剑，2、5 为铜柄铁剑）

图三三　日本东京国立博物馆藏螺旋纹铜剑

大约在战国时期，这种剑流传到我国西南的四川、云南地区[53]，一直延续到汉代依然存在（图三二:3、4、5）。它大致可分为铜短剑和铜柄铁剑两种，在铜柄铁剑中，其花蒂形装饰起着联结和固定剑身与剑柄两种金属的作用。剑柄部除少数为素面外，大都饰以螺旋纹或密集栗点纹。其"发展最明显的演变规律是：螺旋纹剑柄发展为栗点纹剑柄，整个剑身向着更加细长发展"[54]。

　　它的传播路线应当是：新疆→甘肃、宁夏、陕西→四川、云南等地，故宜称为西北西南系短剑。这种剑最初为铜短剑，后发展为铜柄铁剑，是铁器发展到一定阶段的产物，并且逐渐分化演变为长、短两种形式，大多是春秋晚期至战国、汉代器物。这种铜剑或铜柄铁剑为研究北方草原青铜文化南下问题提供了重要线索[55]。

5.东北系剑——曲刃短剑与长剑

在我国东北地区的黑龙江、吉林、辽宁三省境内以及朝鲜半岛与日本列岛,有一种不同于其他地方的铜剑——曲刃剑,它孕育出短剑与长剑两个分支。因其流行地点均位于东北亚地区,故称为东北系剑。这种剑的剑身两侧或有对称慢弧形相交式凸刺,如同琵琶形,或呈宽窄急剧变化的形态。正是由于其刃部变化多端,故称为曲刃剑。它的剑首大都呈顶部较平的"T"形,也有顶中部较高的馒头形,以及中间低、两端高的双驼峰形,还有因受北方草原俪首剑影响而呈俪首者。剑首既有铜质的,也有木质或混合质的,但唯有铜质剑首被保存下来,其他质地的皆已腐朽不存。若是铜质剑首、剑身,大多采用分铸法,然后接合而成,当然也有剑首与剑身浑铸的形式(**图**

三四:1）。这种铜剑初见于西周晚期，春秋、战国为其流行时期，直至秦汉之际仍有发现，属于东夷区域濊貊族祖先的文化体系[56]。

1992年，云南江川县（今玉溪市江川区）李家山出土1件西汉时期的宽身曲刃铜剑，继承了东北系曲刃剑的某些特征，但又发生了较大的变异，并且有宽阔的铜剑鞘，剑长28.8厘米，鞘长22.8厘米，宽14.2厘米（**图三四:2**）。

1992年，四川茂县牟托村的一座战国墓葬出土了2件"T"形首铜剑，与东北系"T"形首曲刃剑及西北西南系花蒂格剑均有着密切的发展演变关系，宜称为"T"形首巴蜀剑[57]（**图三五**）。

图三四 曲刃铜剑
1. 内蒙古宁城县辽中京博物馆藏；2. 云南江川李家山出土

图三五　四川茂县牟托村出土"T"形首铜剑

六、短剑的演变与衰落

青铜短剑与刀原本是宰杀牛羊的刀具,同时也是一种护身自卫的短兵器,向为游牧民族所钟爱。尤其是将短剑镶金嵌玉,精雕细琢,附以奇异的造型与华丽的装饰,其实蕴藏着北方少数民族的美好向往与丰富的文化内涵。深入分析研究青铜短剑的演变与发展,能够帮助我们更加准确地去理解中国早期北方民族在中华文明形成与发展过程中所发挥的重要作用与应有地位。

任何事物都要经历发生、发展与衰落的过程,青铜短剑也不例外。商代晚期至西周早期是短剑传入中国后的早期阶段,西周中晚期至战国早中期无论从其数量还是流行范围来看，都称得上是短剑发展的高峰，战国末期至汉代是短剑的衰落时期。直至汉代，中原地区铁长剑依然被人们所喜爱，因为在一些地位略高的汉代平民墓葬中，大都随葬有一柄铁剑。大概自汉代以后，作为冷兵器时代宠儿的铜剑和铁剑就逐渐退出历史舞台，不再被重视，进而成为人们家中的一种摆设，反映了剑功能的弱化与退化。

（一）谈兵论剑——剑的功能、权威及社会效应

在烽火不绝的战争年代，重视兵器成为理所当然的事情。古今中外，没有哪一种兵器能够像剑一样，如此吸引人的注意力，开拓人的想象力与创造力，使得青铜短剑在制作技术、加工工艺诸方面精益求精，从而达到近乎完美的境界。

刘熙《释名·释兵》说："剑,检也,所以防检非常也。"显而易见,双刃的剑功能重在防御,以备不测;当危险来临,以攻为守。相比之下,单刃的刀却富于攻击性,诞生之时就意在砍杀与切割。剑是一种较为保守而用于防身的主动防御型兵器,与盾牌那种纯粹被动性防御稍有区别,可以说是以守为主,攻守兼备,素有"百兵之君"的美称。

剑作为一种兵器,有许多名称,譬如剑、径路刀、轻吕、匕首等。《逸周书·克殷解》"乃右击之以轻吕,斩之以玄钺",其中"轻吕"为剑之别名。虢国墓地春秋早期的两座虢太子墓中各自出土了一柄青铜长剑,显然是从短剑发展来的。战国早期以后,为便于携带的缘故,短剑中出现了一个新品种——铜匕首,比短剑更短,依然具备短剑的防身与刺杀功能，在一些低级贵族墓中常有随葬，至于高级贵族墓则往往随葬铜长剑。

1.荆轲刺秦王的铜匕首

关于铜匕首的用途，有一个故事很能说明问题。战国末年，军事强大的秦国在灭了韩、魏两国之后，即将向燕国进军，弱小的燕国无力抵抗，燕国太子丹决定派人去秦国行刺秦王政，以期扭转不利的局势。他找到一个擅长剑术的武士荆轲，带着秦王最想要的两样东西，即燕国督亢地区（今河北涿州市东）的地图与秦国叛将樊於期的头颅，用以表明燕国甘愿臣服。这两样东西分别放在两个匣子里，行刺秦王的匕首被卷在地图的最里层。太子丹知荆轲此去凶多吉少，势必丧命于秦国，遂与众臣身穿白衣垂泪送别荆轲与其助手秦武阳于易水岸边，荆轲慷慨而唱《易水歌》："风萧萧兮易水寒，壮士一去兮不复还！"

荆轲在秦咸阳宫内被隆重接见，遂将地图奉于秦王面前，当地图舒展开来，内藏匕首暴露之时，荆轲左手抓住秦王衣袖，右手举起匕首便刺，没有刺中。秦王急忙拔剑自卫，但由于铜剑太长，一时拔不出来，于是绕屋内柱子躲闪，荆轲则紧身直追，宫内卫兵因没有秦王命令，不敢擅自携带兵器上前施救。最后在其侍臣提醒下，秦王从背后拔剑，斩断荆轲左腿，荆轲倒地后将匕首投向秦王，依然未中，被拥上前来的卫兵擒拿杀死。

显而易见，在长剑与短匕首的较量中，长剑的不足之处充分显露出来，而短匕首的缺陷也很明显，因为需要贴身紧靠对方才能奏效，杀伤力大打折扣。

2.著名铜长剑

《周礼·冬官考工记》云:"郑之刀,宋之斤,鲁之削,吴粤(通"越")之剑,迁乎其地而弗能为良,地气然也。"由此可见,吴越剑是春秋时期天下名士争相购买并收藏的名剑。

商代晚期,铃首与兽首铜剑自大漠以北传入中国北方,至西周早期一种柳叶形扁茎铜剑进入中原。这两种铜短剑在形制上的相结合,诞生了三门峡虢国墓地M1052与M2011这两座虢太子墓所出圆盘首无格铜长剑[58](**图三六:1**),进而发展为春秋早中期的圆盘形首、菱形格的铜长剑[59],成为春秋晚期举世闻名的越王勾践剑、吴王夫差剑等赖以发展演进的雏形。越王勾践剑为越国国君勾践所铸,1965年发现于湖北省江陵望山一座楚墓中,剑格部分镶嵌绿松石，剑柄镶嵌蓝色玻璃珠，正面近柄处铸有"越王鸠浅（勾践）自作用剑"2列8字错金铭文，通长55.7厘米（**图三六:2**）；吴王夫差剑为春秋时期吴国国君夫差所用剑，出土于河南辉县，剑身阴刻"攻吾王夫差自作其之用"10字铭文，通长59.1厘米。1923年山西浑源李峪村出土一件铜剑，格部镶嵌绿松石兽面纹，其剑脊为一平面，正背面刻有"吉日壬午，作为元用，玄镠铺吕，朕余名之，胃（谓）之少虡"20字错金铭文，每面10字，通长55厘米。此剑曾被称为吉日壬午剑，后改称为少虡剑（**图三六:3**）。

3.古人佩剑

佩剑一直是古代世界各国贵族的重要礼仪之一，被赋予高贵的含义，成为人们尊贵身份地位的象征，因此受到人们的喜爱。《周礼·冬官考工记》云："桃氏为剑……身长五其茎长，重九锊，谓之上制，上士服之；身长四其茎长，重七锊，谓之中制，中士服之；身长三其茎长，重五锊，谓之下制，下士服之。"可以看出，该文规定了不同等级贵族使用铜剑的长度和重量。《史记正义》说："春秋官吏各得带剑。"说明这时已经让官吏佩剑了。《晋书·舆服志》云："汉制自天子至于百官，无不佩剑，其后惟朝带剑。"

春秋时期，随着礼制的弱化和礼制观念的淡化，佩剑范围日趋扩大，以至于渐渐成为一种时尚。西汉刘向《新序》中还记载了这样一个故事：延陵季子因朋友特别爱剑，遂欲将自己的剑赠予他，却因故迟延未酬，待知友人已死，却仍将剑挂在朋友的坟上而悄然离去，终偿夙愿。

《战国策·齐策四》记载了齐人冯谖"弹剑而歌"的故事，冯谖只是孟尝君门下的一个食客，居然也随身佩剑。《吕氏春秋·察今》记载了楚人"刻舟求剑"的故事，说明当时佩剑已远远超出贵族阶层的范畴，士阶层、侠客以及富家子弟都可将佩剑作为一种修养和装饰。春秋战国时期，诸侯国贵族都有佩剑的礼仪或风俗，尤其是楚国几乎每一座贵族墓都要随葬一柄铜剑，可知佩剑已成为一种时尚，融入人们的日常生活当中。

战国时期曾侯乙墓钟架分为上、中、下三层，中、下两层的立柱都是一个立体式青铜佩剑武士的形象，武士腰际佩剑，双臂上举，庄严肃穆[60]。战国时期有不少铜器上都刻画有水陆攻战图像，其中在河南汲县（今卫辉市）山彪镇战国时期M1所出水陆攻战纹铜鉴的装饰图案上面，排成行的人们腰间各佩一剑[61]（**图三七**）。

在形制较大的汉代平民墓中，大都随葬有一柄铁剑，表明当时的人们对剑仍然有着较深的感情。《汉书》记载，秦朝末年，在芒砀山逃难的刘邦曾在路途中见大蛇当道，遂用随身佩带的长剑斩杀了那条蛇。

4.剑功能的弱化——尚方宝剑

秦汉官制设少府，少府设尚方令、尚方丞，汉末分为中、左、右三尚方，之后历代沿袭，其职责是掌管御用刀剑及玩好之类。《后汉书·蔡伦传》记载：中常侍蔡伦"后加位尚方令。永元九年，监作秘剑及诸器械，莫不精工坚密，为后世法"。《汉书·朱云传》记载：汉成帝时，诤臣朱云说："臣愿赐尚方斩马剑，断佞臣一人，以厉其余。"到了明代，"尚方宝剑"成为至高无上的王权

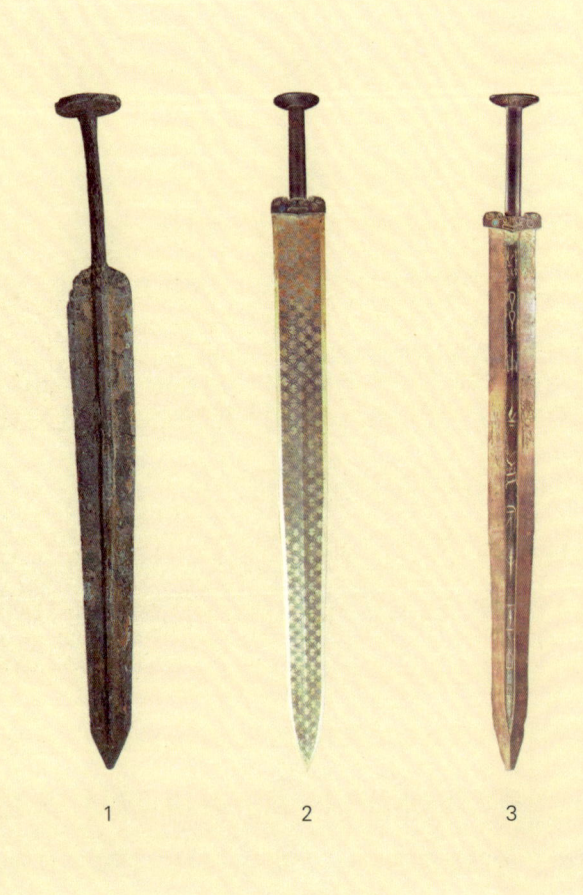

图三六　圆盘首铜长剑
1. 三门峡虢国墓地 M2011 出土铜剑；2. 越王勾践剑；3. 少虡剑

图三七 河南汲县山彪镇 M1 战国墓出土水陆攻战纹铜鉴图案

的象征，皇帝将其赐予钦命大臣用于专断专杀，便宜行事。明代刘基《赠周宗道六十四韵》诗云："先封尚方剑，按法诛奸赃。"从中不难看出，从剑中提升出来象征王权的"尚方宝剑"弱化了剑的兵器功能，却将其礼仪功能升到了极致。这种被赋予的新含义，其实是行将消失的剑在即将走完自己生命路程时的一种回光返照。

5.以剑决斗与击剑比赛

欧洲中世纪是一个崇尚武力的时代，当两人之间因某一纠纷而无法判决时，日耳曼国家的人们大都推崇一种奇怪的司法程序，即用剑决斗区分胜负，从而判定谁对谁错。他们把这种公开的谋杀行为竟然堂而皇之地说成是"交由上帝来裁决"，其实是一种极其野蛮的做法。决斗成为当时贵族阶层的一种生活方式，进而变成一种社会风尚。当时的基督教会一直反对司法决斗取证，对这种无耻行为大加抨击。公元1547年，法国国王亨利二世亲临一次著名的决斗现场，当目睹了残忍的死伤场面之后，终于下令废除了这种司法决斗的风俗，但此后数百年内决斗仍时有发生。司法决斗起初用剑，后发展为用枪，俄国著名诗人普希金的名作《叶甫盖尼·奥涅金》描写了青年人之间的决斗场面，后来他也在用枪决斗中被杀死了。

当今体育界的击剑比赛正是由古代击剑决斗发展而来的体育项目。比赛所用的钢剑在剑锋端特意设置了一个平头的弹簧装置，即使有人被击中，也不会受到伤害。

（二）玉具剑——从实用向摆设的递嬗

前文已指出，西周晚期的玉柄铁剑是战国时期玉具剑的雏形。玉具剑大致由剑首、剑格、剑璏、剑珌等四个玉饰件组成（**图三八**），它们更多地用来装饰铁剑，有时也安装在铜剑上。以美玉装饰佩剑，是人们崇尚玉和剑的集合标志，帝王和官吏平时或上朝佩带玉具剑，是为炫耀身份的尊贵；社会中下层人士为显示个人的荣耀，也佩带玉具剑。《东宫旧事》记载："太子仪饰有玉头剑。"玉具剑的面世，使剑开始脱离生活必需品的范畴，渐次着重摆设与装饰功能。

战国早期的湖北随州市擂鼓墩曾侯乙墓出土1件玉首铜短剑，通长22.3厘米，身宽1.8厘米[62]（**图三九:1**）。山东临淄商王村战国墓发现铜剑的四种玉剑饰，是战国玉具剑的典型代表[63]。曾侯乙墓还出土1件玉环首的铜削刀，通长28.6厘米，刀身长17.4厘米[64]（**图三九:2**）。这表明战国

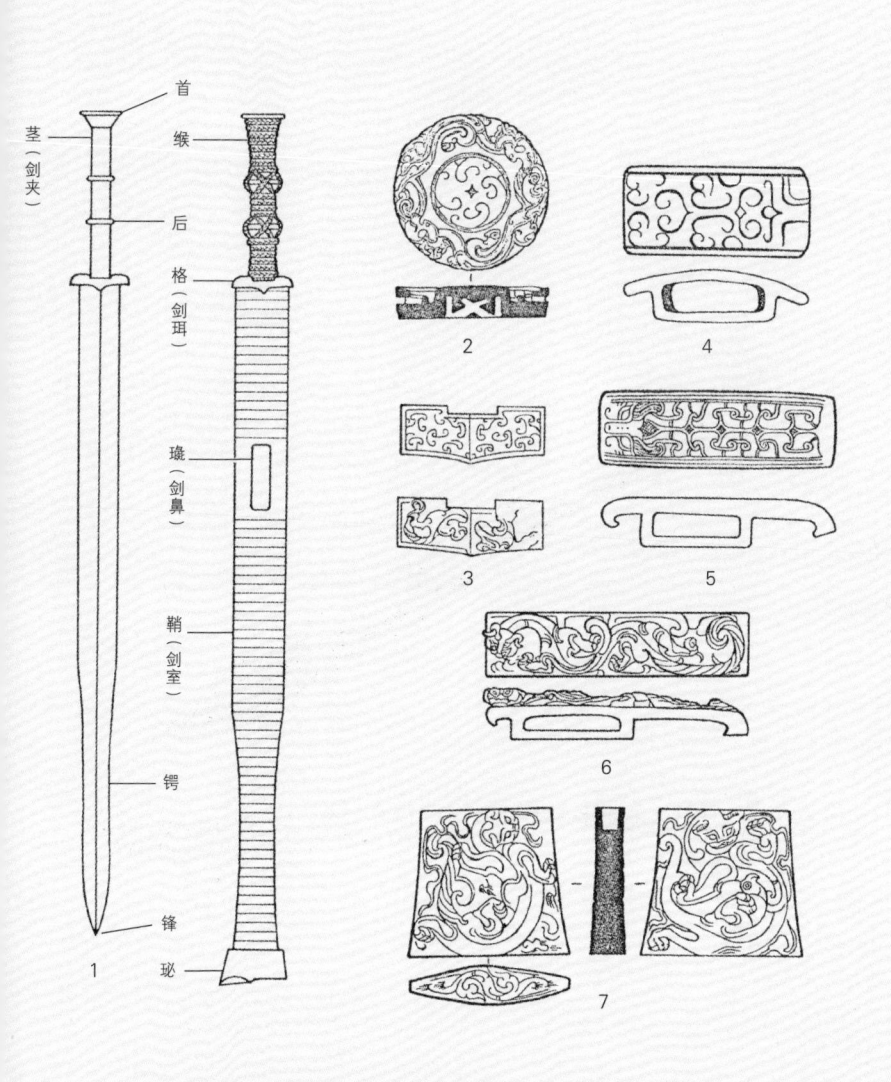

图三八　剑与剑上的玉具（孙机《中国古代物质文化》）
1. 剑上各部位的名称；2. 玉剑首，河北满城出土；3. 玉剑格，河北满城出土；4. 玉剑璏，青海大通上孙家寨出土；5. 玉剑璏，湖南长沙伍家岭出土；6. 玉剑璏，河北满城出土；7. 玉剑珌，河北满城出土

图三九　湖北随州曾侯乙墓出土玉首铜短剑、铜削刀
1. 玉首铜短剑；2. 玉环首铜削刀

时期不仅用玉装饰铜剑，也用玉装饰铜刀具。

战国早中期是玉具剑兴盛发展的高峰期，战国末年是其走向衰落的开始；及至秦汉时期，以玉饰剑的风尚虽未完全消失，但确已渐行渐远；东汉末年，曾经被崇为社会风尚的铜剑、铁剑被迫退出了历史舞台。

（三）剑的终结——以"曹操送刀"为标志

《艺文类聚·军器部》卷六〇"刀"字条下："魏武帝令曰：'往岁作百辟刀五枚，适成，先以一与五官将（曹丕）；其余四，吾诸子中有不好武而好文学，将以次与之。'"《太平御览·兵部》卷三四六"刀"下引曹植《宝刀赋》："建安中，家父魏王乃命有司造宝刀五枚，三年乃就，以龙、虎、熊、马、雀为识，太子（曹丕）得一，余及余弟饶阳侯（曹豹）各得一焉。其余二枚，家王自杖之。"这是说，曹操下令造宝刀五把，上面分别铸龙、虎、熊、马、雀等动物形象为标记，将其中一件送给太子曹丕，两件分送给儿子曹植与曹豹，其余两件留下自用。由此可知，东汉末年，世人已不再像以往那样钟爱剑，而是崇尚刀具。"曹操送刀"这件事情，其实是将先秦时期讨人喜爱的剑打入牢狱的一种宣判，反映了我国古代剑文化的衰落乃至终结。

七、叱咤风云的军事强国虢国

虢国是周初分封的姬姓诸侯国。与其他封国稍有不同的是，见于文献记载的虢国从一开始就有两个，其国君分别是周文王的两个弟弟虢仲与虢叔。相传虢仲被分封在河南荥阳一带，史称东虢；虢叔被封于周王朝畿内之地，在今陕西宝鸡一带，其实应是他的采邑，史称西虢。根据古代文献记载，周文王曾就国家军政大事"咨于二虢"，周武王与周公都曾"学于虢叔"。在二虢中虢叔的地位更为显要，作为周王朝开国元勋，他的名字两度出现在商周王朝的档案文献《尚书》中，与南宫适、散宜生、泰颠等周初功臣齐名天下。

直到西周覆灭，东西二虢仍并立于世。但东虢国逐渐沦为子男小国，于公元前767年被迁自陕西凤翔的郑国所灭。而西虢国则显赫依旧，作为军事强国，常派军队随从周王征伐不庭。西周早期至春秋早期，历代虢国国君大都兼任周王朝卿士一职，为周王室太师、太保、太傅等"三公"之一，被认为是"公、侯、伯、子、男"五等爵的最高级别公爵，故自西周中期以下大都称为"虢公"。除虢叔为周文王的卿士之外，周穆王时的虢城公，从接替其职务的毛公出征平乱的情况看，其生前必为跟从周王南征北战的军事将领。据文献记载，懿王时"虢公北伐犬戎"；夷王时"虢公帅六师伐太原之戎"，虢季（宣公）子白"搏伐猃狁"（虢季子白盘）；厉王时虢仲（虢公长父）伐淮夷，并"与王南征"（虢仲盨）。周宣王时，虢文公建言献策，谏"不籍千亩"，力图匡正朝纲。因此可以说，这些身为卿士的虢国国君大都为捍卫周王朝立下过赫赫战功，或对维护周王室的统治做出过较大贡献。唯独虢仲之嗣虢石父继任周幽王卿士时，为人奸佞，与王妃褒姒结党，引发申国与犬戎等国反叛，导致周王朝灭亡。虢石父有恃无恐地废申后而立褒姒，废太子宜臼而立伯服为太子，后又公然对抗周平王而立王子余臣为携王，显然都是倚仗虢国强大的军事实力。

周平王即位，迁都于洛阳，中国历史进入东周时代的春秋时期。自此以后，随着各地诸侯国势力的日渐强大，周王室则逐渐衰微，昔日的权威渐趋丧失，直至降于一般诸侯之列，沦落到必须仰仗大国才能生存的地步。与其他大国不同的是，虢国虽是军事强国，历任国君又兼任周王卿士，却不但没有称霸野心，而且还始终以挽救周王朝危亡为己任，竭力维护周王室的尊严而不怕与其他大国为敌，从而与晋国等国结怨，为虢国后来的灭亡埋下了种子。正因为这样，周王朝政治、军事上越来越多的内忧外患及其对外政策，也大都与虢国的命运密切相关。

对于平王东迁的原因，一般认为是受到西戎的侵扰，也有学者认为是受到强大秦国势力的逼迫。其实可能还有一个原因，就是受到西虢支持下的携王的威胁，因为携王占据丰镐旧都，使平王在关中无立足之地，无奈只得依靠晋、郑二国保驾东迁。故《左传·隐公六年》云："我周之东迁，晋、郑依焉。"此后，虢国与平王朝关系更加恶化，而晋文侯与郑武公则备受赏识，成为平王的左膀右臂，完全取代了虢国原来的地位。尤其是晋文侯在杀携王，为周平王统一天下后更是受宠有加，功绩昭著史书（《尚书·文侯之命》）。在晋文侯死后不久，晋国分裂为翼城、曲沃两股势力，二者相互争斗，致使国势渐弱。而郑国则因郑武公、郑庄公相继为平王、桓王卿士，终于在郑庄公时小霸中原，从而形成对周王朝的不利局面。为遏制郑国势力的继续增长，平王在其晚年就开始起用虢国，将维护周王朝统治的一些管理权"贰于虢"，引起郑国的极大不满，致使"周郑交恶"，相互间质子为信。公元前715年，正当周桓王时期，虢公忌父始作卿士，最终恢复其原来的大国地位。公元前712年，郑伯率虢师伐宋。这表明虢国国君虽然重新进入周王室决策层，但他还没有掌握对参与征伐的本国军队的领导权。直到公元前707年，周桓王夺郑伯之权，虢公林父从桓王伐郑，才重新担负起为周王朝东征西讨、以伐不庭的重任。

　　虢国东山再起，力图排挤郑、晋势力，以完全夺回原有地位，而此时的周王室唯恐晋、郑专擅王权而成尾大不掉之势，欲借虢国势力牵制与削弱对方，于是二者一拍即合，同心合意对付晋、郑二国。此后，虢公忌父伐晋国的曲沃，立哀侯；虢公林父曾奉王命伐郑国，并再度征伐晋国的曲沃，立哀侯之弟缗为晋侯，后又奉王命立曲沃武公为晋侯，继而又联合郑国杀东周王子颓，以定周惠王之位。此后，虢公丑（虢叔）继任国君后穷兵黩武，消耗了大量人力、物力、财力，致使已经临近穷途末路的虢国国力更加匮乏。早已怀恨在心的晋国便趁机于公元前658年假道虞国而攻破虢国的北部城邑下阳，继而于公元前655年攻克作为虢国政治、经济、军事、文化中心的虢国都城上阳城，导致虢国最终灭亡。历史上"假虞灭虢，唇亡齿寒"的典故即出于此。

至于古代文献所记载的虢国都城上阳城，早在20世纪50年代为建设黄河水库而进行的考古调查中，已经发现了位于三门峡市区东南部、虢国墓地南侧2000米的李家窑遗址，尽管有专家提出该遗址可能就是文献记载的虢国都城上阳城所在，但由于一直没有发现城墙遗迹而无法得以确认。1999年，在配合三门峡市政建设的过程中，省、市文物部门在李家窑遗址终于发现了一座城，它在年代与具体位置方面都与上阳城十分吻合。该城址位于三门峡市区内，夹在北边黄河与南边青龙涧河之间的东西狭长地带，大致呈东西长方形，东西长1000—1050米，南北宽560—610米，周长3200余米，夯土城垣墙基宽度4.5—6米，城垣外环绕两道城壕；并且在城内西南角还发现有一座宫城，宫城墙基外侧也有一道壕沟。联系考古资料，结合文献记载，专家学者一致认为，这就是虢国都城上阳城（**图四〇**）。

虢国墓地是居住在上阳城内的虢国贵族及平民死后的埋葬地。它位于三门峡市区北部一道略呈西北—东南向的土岭——上村岭上，其北部边缘距离黄河仅有600米。整个墓地南北长590米，东西宽550米，占地约32.45万平方米。1955—1957年，中国科学院考古研究所在上村岭上，发现了包括M1052虢太子墓在内的234座低级贵族墓、平民墓和数座车马坑与马坑，确认了虢国墓地的位置。始于1990年的第二次大规模发掘，发现并发掘了位于墓地北部的虢国国君兆域区内18座高级贵族墓、4座车马坑与2座马坑；

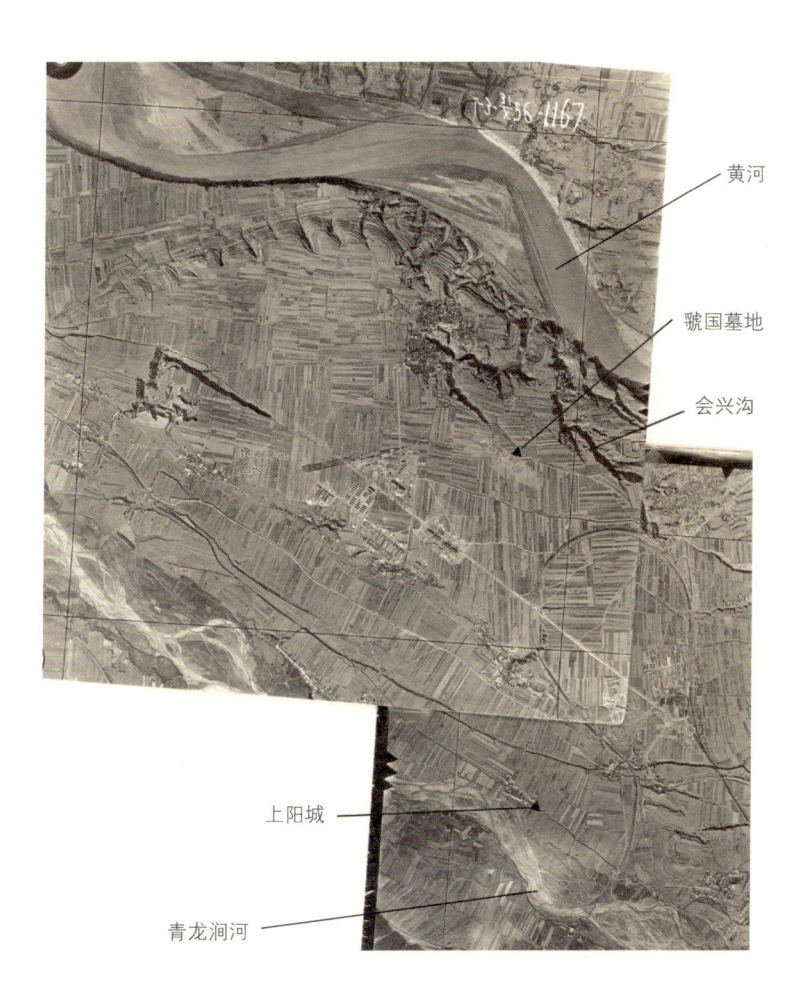

图四〇 1956年三门峡上村岭虢国墓地周边地理环境航拍照片（河南省地理研究所郭仰山提供）

不仅出土了较大数量的青铜器，而且许多铜礼乐器上都铸有铭文，为研究墓主人身份提供了珍贵资料；尤其是1000多件（组）品种和数量都很丰富的玉器大都保存较好，许多没有受沁，或者受沁较少，并且绝大部分是新疆和田青白玉，令人叹为观止；很多制作精细的玉礼器、组玉佩和一大批仿自动物形状的肖生玉器，可谓琳琅满目，美不胜收。其中两座国君墓——M2001虢季墓与M2009虢仲墓是这次发掘的最大收获，所出土大量青铜器、玉器和许多铜器上所铸铭文，向我们展示了昔日虢国文化的灿烂与辉煌，尤其是二墓所出11件陨铁与人工冶铁制品十分引人注目，将我国人工冶铁历史提前到西周晚期。

在周天子墓面世之前，虢季墓与虢仲墓这两座周天子卿士之墓，可算是迄今发现的两周时期最高级别的墓葬，因而显得尤为重要。值得一提的是，在收缴的被盗文物中发现3件文献所记载的周幽王卿士虢石父所作铜礼器，为众说纷纭的虢国墓地起始年代问题的研究提供了一条十分珍贵的线索。考古发掘所获大量文物和金文文献，为研究虢国的历史与文化以及古代方国史提供了珍贵的实物资料，同时也有力地推动了两周考古学的发展与进步。鉴于虢国墓地出土文物所具有的重要的艺术价值和学术价值，虢季墓与虢仲墓先后被评为1990年、1991年全国十大考古新发现之一。虢国墓地与上阳城的发现与发掘，成为中国20世纪百项考古大发现之一。

注释：

[1] 河南省文物考古研究所、三门峡市文物工作队：《三门峡虢国墓》第一卷上册，第15—234页，文物出版社，1999年。

[2] 北京市文物管理处：《北京市平谷县发现商代墓葬》，《文物》1977年第11期；张先得、张先禄：《北京平谷刘家河商代铜钺铁刃的分析鉴定》，《文物》1990年第7期；河北省博物馆等：《河北藁城台西村的商代遗址》，《考古》1973年第5期。

[3] 戴尊德：《山西灵石县旌介村商代墓和青铜器》，《文物资料丛刊》第3辑，文物出版社，1980年。

[4][5] 韩汝玢、姜涛、王保林：《虢国墓出土铁刃铜器的鉴定与研究》，刊于河南省文物考古研究所、三门峡市文物工作队：《三门峡虢国墓》第一卷上册，第572、563页，文物出版社，1999年。

[6] 华觉明：《陨铁、陨铁器和冶铁术的发生》，《中国冶铸史论集》，第284页，文物出版社，1986年。

[7] 本报记者：《甘肃省发现中国最早使用人工冶铁制品 提前我

国冶铁历史500年》，《兰州日报》2013年3月5日。

[8] 韩汝玢、姜涛、王保林：《虢国墓出土铁刃铜器的鉴定与研究》，刊于河南省文物考古研究所、三门峡市文物工作队：《三门峡虢国墓》第一卷上册，第573页，文物出版社，1999年；陕西省考古研究院等：《陕西韩城梁带村遗址M27发掘简报》，《考古与文物》2007年第6期；陈建立、杨军昌、孙秉君、潘岩：《梁带村遗址M27出土铜铁复合器的制作技术》，《中国科学》2009年第39卷第9期。

[9] 陈建立、毛瑞林、王辉、陈洪海、谢焱、钱耀鹏：《甘肃临潭磨沟寺洼文化墓葬出土铁器与中国冶铁技术起源》，《文物》2012年第8期。

[10] 关晓武、廉海萍、白荣金、刘绪、华觉明：《晋侯苏钟刻铭成因试探》，刊于上海博物馆编：《晋侯墓地出土青铜器国际学术研讨会论文集》，上海书画出版社，2002年。

[11] 黄展岳：《关于中国开始冶铁和使用铁器的问题》，《文物》1976年第8期。

[12] 杨宽：《中国古代冶铁技术发展史》，第34—37页，上海人

民出版社，1982年。

[13]王恩田：《"二王并立"与虢国墓地年代上限——兼论一号、九号大墓即虢公忌墓与虢仲林父墓》，《华夏考古》2012年第4期。

[14][15]白云翔：《先秦两汉铁器的考古学研究》，第44、46—47页，科学出版社，2005年。

[16]郭沫若：《奴隶制时代·中国古代史的分期问题》，《郭沫若全集（历史编）》第3卷，第8页，人民出版社，1984年。

[17]河南省文物研究所等：《淅川下寺春秋楚墓》，第292页，文物出版社，1991年。

[18]湖北省文物考古研究所、湖北省文物局南水北调办公室：《湖北郧县乔家院春秋殉人墓》，《考古》2008年第4期。

[19]淄博市临淄区文物局：《山东临淄范家村墓地2012年发掘简报》，《文物》2015年第4期。

[20]宝鸡市考古工作队：《宝鸡市益门村二号春秋墓发掘简报》，《文物》1993年第10期；刘云辉：《陕西出土东周玉器》，第171页，文物出版社、众志美术出版社，2006年。

[21] 宝鸡市考古工作队：《宝鸡市益门村秦墓发掘纪要》，《考古与文物》1993年第3期。

[22] 山东省文物考古研究所、沂水县文物管理站：《山东沂水刘家店子春秋墓发掘简报》，《文物》1984年第9期。

[23] 库波：《中国古代青铜器》（英文）图版43:a，1924年；李学勤：《东周与秦代文明（增订本）》，第274页，文物出版社，1991年。

[24] 河北省文物研究所：《燕下都》，文物出版社，1996年；白云翔：《先秦两汉铁器的考古学研究》，第82—84页，科学出版社，2005年。

[25] 河南博物院等：《辉县琉璃阁甲乙二墓》上册，第110—111页，大象出版社，2011年。

[26] 日本东京国立博物馆：《大草原的骑马民族——中国北方的青铜器》，日本东京国立博物馆编辑发行，1997年。

[27] 国家文物局：《2007中国重要考古发现》，文物出版社，2008年；中国社会科学院考古研究所新疆工作队等：《新疆轮台群巴克古墓葬第一次发掘简报》，《考古》1987年第11期；中国社会科学院考古研究所新疆工作队等：《新疆轮台县群巴克墓葬第二、三次发掘

简报》，《考古》1991年第8期。

[28] 张天恩：《秦器三论——益门春秋墓几个问题浅谈》，《文物》1993年第10期；刘得祯、朱建唐：《甘肃灵台县景家庄春秋墓》，《考古》1981年第4期；戴春阳：《礼县大堡子山秦公墓地及有关问题》，《文物》2000年第5期。

[29] 周兴华：《宁夏中卫县狼窝子坑的青铜短剑墓群》，《考古》1989年第11期。

[30] 童恩正：《我国西南地区青铜剑的研究》，《考古学报》1977年第2期。

[31] 陕西省考古研究院等：《陕西韩城梁带村遗址M27发掘简报》，《考古与文物》2007年第6期。

[32] 河南省文物考古研究所：《河南新郑胡庄韩王陵考古发现概述》，《华夏考古》2009年第3期，彩版九：六。

[33] 刘云辉：《陕西出土东周玉器》，第189页，文物出版社、众志美术出版社，2006年。

[34] 林沄：《商文化青铜器与北方地区青铜器关系之再研究》，《林

沄学术文集》，第264—265页，中国大百科全书出版社，1998年。

[35]李海荣：《夏商周时期北方地区青铜文化对其南部地区的影响》，《考古与文物增刊》2004年先秦考古专号。

[36]田广金：《内蒙古朱开沟遗址》，《考古学报》1988年第3期。

[37]林沄：《中国北方长城地带游牧文化带的形成过程》，《林沄学术文集（二）》，第59—60页，科学出版社，2008年。

[38]杨泽蒙：《鄂尔多斯青铜器用途之再认识》，《鄂尔多斯青铜器国际学术研讨会论文集》，第139页，科学出版社，2009年。

[39][59]常怀颖：《山西保德林遮峪铜器墓年代及相关问题》，《考古》2014年第9期。

[40]王永刚、崔风光、李延丽：《陕西甘泉县出土晚商青铜器》，《考古与文物》2007年第3期。

[41]北京市文物管理处：《北京地区的又一重要考古收获——昌平白浮西周木椁墓的新启示》，《考古》1976年第4期。

[42][43]洛阳市文物工作队：《洛阳北窑西周墓》，第134—135页，图版二六：2、3，文物出版社，1999年。

[44] 甘肃省博物馆文物队：《甘肃灵台白草坡西周墓》，《考古学报》1977年第2期。

[45] 陕西省考古研究院：《少陵原西周墓地》上册，第46页，彩版六、七:1，科学出版社，2000年；陕西省文物局、陕西省考古研究院：《留住文明（2006—2010）——陕西"十一五"期间基本建设考古重要发现》，第66—68页，三秦出版社，2012年。

[46] 茂县羌族博物馆、阿坝藏族羌族自治州文物管理所：《四川茂县牟托一号石棺墓及陪葬坑清理简报》，《文物》1994年第3期；钟少异：《试论扁茎剑》，《考古学报》1992年第2期。

[47] 陈平：《试论春秋型秦兵的年代及有关问题》，《考古与文物》1986年第5期；井中伟、李连娣：《中国北方系青铜"花格"剑研究》，《边疆考古研究》第13辑，科学出版社，2013年。

[48] 张天恩：《再论秦式短剑》，《考古》1995年第9期。

[49] 许俊臣、刘得祯：《甘肃宁县宇村出土西周铜器》，《考古》1985年第4期；张天恩：《再论秦式短剑》，《考古》1995年第9期；国家文物局：《2007中国重要考古发现》，文物出版社，2008年。

[50][54] 杨建华：《略论秦文化与北方文化的关系》，《考古与文物》2013年第1期。

[51] 北京科技大学与材料史研究所、新疆文物考古研究所、哈密地区文物管理所：《新疆哈密天山北路墓地出土铜器的初步分析》，《文物》2001年第6期。

[52] 杨建华：《三叉式护手剑与中国西部文化交流的过程》，《考古》2010年第4期；杨建华：《略论秦文化与北方文化的关系》，《考古与文物》2013年第1期。

[53] 宝兴县文化馆：《四川宝兴出土的汉代铜器》，《考古》1978年第2期；宋治民：《四川西部石棺葬和大石墓的几个问题》，《中国考古学会第四次年会论文集》，文物出版社，1983年。

[55] 林沄：《关于中国的对匈奴族源的考古学研究》，《林沄学术文集》，第374—376页，中国大百科全书出版社，1998年。

[56] 林沄：《中国东北系铜剑初论》，《考古学报》1980年第2期；林沄：《中国东北系铜剑再论》，刊于苏秉琦主编：《考古学文化论集（四）》，文物出版社，1997年。

[57] 四川省文管会、茂汶县文化馆：《四川茂汶羌族自治县石棺葬发掘报告》，《文物资料丛刊》第7辑，文物出版社，1983年。

[58] 河南省文物考古研究所、三门峡市文物工作队：《三门峡虢国墓》第一卷下册，彩版三七:4，文物出版社，1999年。

[60][62][64]湖北省博物馆：《曾侯乙墓》，图版二七、图版八四:2、图版八四:1，文物出版社，1989年。

[61] 郭宝钧：《山彪镇与琉璃阁》，第21页，科学出版社，1959年。

[63] 孙机：《玉具剑与璲式佩剑法》，《考古》1985年第1期。